Walahfrid Strabo

Mitteilungen zur vaterländischen Geschichte

Vita Beati Galli - Vadianische Briefsammlung

Walahfrid Strabo

Mitteilungen zur vaterländischen Geschichte
Vita Beati Galli - Vadianische Briefsammlung

ISBN/EAN: 9783742894861

Hergestellt in Europa, USA, Kanada, Australien, Japan

Cover: Foto ©ninafisch / pixelio.de

Manufactured and distributed by brebook publishing software (www.brebook.com)

Walahfrid Strabo

Mitteilungen zur vaterländischen Geschichte

MITTEILUNGEN

ZUR

VATERLÄNDISCHEN GESCHICHTE.

HERAUSGEGEBEN

VOM

HISTORISCHEN VEREIN IN ST. GALLEN.

XXIV.
DRITTE FOLGE IV.
I. HÄLFTE.

ST. GALLEN.
VERLAG VON HUBER & COMP. (E. FEHR).
1890.

WALAHFRIDI

VITA BEATI GALLI

VADIANISCHE BRIEFSAMMLUNG

I.

1508—1518

ST. GALLEN.
VERLAG VON HUBER & COMP. (E. Fehr).
1890.

WALAHFRIDI ABBATIS AUGENSIS

DE VITA BEATI GALLI

CONFESSORIS

Herausgegeben

von

Robert Thuli, Professor.

Vorwort.

Herr Professor Ernst Dümmler in Berlin, der erprobte Freund und vieljähriges Ehrenmitglied unseres Historischen Vereins, hat schon vor Jahren dazu angeregt, dass nach der neuen Ausgabe und Bearbeitung der eigentlichen St. Gallischen Geschichtsquellen durch Herrn Professor Gerold Meyer v. Knonau auch die mehr literar- und culturhistorischen schriftlichen Denkmale aus der grossen Zeit des Klosters in unseren «Mitteilungen» zum Abdruck gebracht werden möchten; ganz abgesehen davon, ob sie schon anderwärts veröffentlicht seien oder nicht.

Begreiflicherweise liegt die allmälige Vereinigung des *gesamten* Quellenmaterials der vom Kloster ausgehenden Landesgeschichte niemanden näher, als dem Historischen Vereine selbst. Wir liessen uns daher durch die Aufmunterung des berufensten Arbeiters auf dem Gebiete der literarischen Altertümer karolingischer Zeit gerne über die Bedenken hinweg heben, welche einer Aufnahme solcher Schriftwerke geringern historischen Wertes in unsere Vereinspublicationen überhaupt entgegenstehen, ganz besonders aber insoweit es sich um Denkmale handeln wird, die schon in trefflichen, allen wissenschaftlichen Anforderungen genügenden Ausgaben vorliegen.

Dass dieses nun gerade mit der Ueberarbeitung der älteren «Vita beati Galli» eines unbekannten Verfassers und der von dem Diakonus Gozbert aufgezeichneten Wundertaten des Heiligen durch den Reichenauer Abt Walahfrid Strabo der Fall wäre, könnte allerdings nicht gesagt werden. Sie ist bisher nur in einzelnen älteren Sammelwerken vollständig zum Abdruck gekommen.[1] Daneben hat Gerold Meyer v. Knonau das zweite Buch Walahfrid's — eben die Erzählung von den Wundertaten, die nach des Heiligen Tode geschahen — zur Ergänzung seiner neuen Ausgabe der «Vita» des Anonymus verwertet und zugleich in der Einleitung zu dieser Ausgabe über Entstehung, Bedeutung und Wert der Walahfridschen Arbeit so gründlich und erschöpfend gehandelt, dass wir dafür lediglich auf ihn verweisen dürfen.[2] Was aber den Text betrifft, so konnte

---
[1] S. darüber Potthast, Wegweiser durch die Geschichtswerke des europäischen Mittelalters, S. 711 und Supplement S. 147.
[2] S. St. Gallische Mitteilungen, XII, S. XIII—XXV.

es sich für unsere Zwecke nicht darum handeln, die ganze Menge der überall zerstreuten Handschriften zusammenzubringen, ihr Verhältnis zu einander zu untersuchen und ihre Lesarten neben einander zu stellen; sondern es genügte uns vollständig, die älteste und beste St. Galler Handschrift des IX. Jahrhunderts zu Grunde zu legen (Nr. 562 = A), zwei andere, selbständig neben ihr stehende St. Galler Handschriften des X. und XI. Jahrhunderts (Nr. 572 = B und 560 = C), sowie eine uns nahe liegende Einsidler Handschrift des X. Jahrhunderts (D) zur Vergleichung beizuziehen[1]) und schliesslich auch den Text von Mabillon, «Acta Sanctorum», II, 227—250, zu berücksichtigen. Dabei ist indes zu bemerken, dass die Vorrede, sowie die Capitel-Überschriften in unserm Codex A vollständig fehlen und dass sie daher dem Codex C entnommen wurden, welcher weit sorgfältiger geschrieben ist, als der wohl um ein Geringes ältere Codex B, dessen Varianten übrigens auch Berücksichtigung fanden. Wir durften uns um so eher auf dieses Material beschränken, als eine Ausgabe mit umfassendem kritischen Apparat für die Sammlung der merovingischen Heiligenleben in Vorbereitung ist, welche von der Direction der Monumenta Germaniae historica veranstaltet wird. Die Originalhandschrift Walahfrids ist spurlos verschwunden.

Diese wenigen Vorbemerkungen schicken wir der Walahfrid'schen Schrift «De Vita beati Galli Confessoris» voraus. Ob ihr weitere neue Ausgaben von Denkmalen der St. Galler Klosterliteratur folgen werden, hängt in erster Linie davon ab, ob sich geeignete Bearbeiter dafür finden lassen. Wir hoffen es und benutzen noch die Gelegenheit, darauf hinzuweisen, dass laut einer Notiz des Hrn. Prof. Dümmler im Anzeiger für Schweiz. Geschichte (V, 340) die Ableitung des Namens der Alamannen vom Lemanischen See (S. 2 Anm. 4) ohne Zweifel den Etymologien des Isidor von Sevilla entnommen ist.

---

[1]) Die Zeitbestimmung der oben angeführten St. Galler Handschriften ist Scherer's Verzeichnis der Handschriften der Stiftsbibliothek von St. Gallen entnommen, wo die Handschriften auch näher beschrieben sind. Doch wollen wir nicht unterlassen, darauf aufmerksam zu machen, dass Meyer v. Knonau (St. Gallische Mitteilungen, XII, S. X f.) die drei Codices näher zusammenrücken und sie sämtlich ins X. Jahrhundert verweisen will. Die Uebersendung der Einsidler Handschrift an die St. Galler Stiftsbibliothek zu unserer Benutzung verdanken wir der freundlichen Vermittlung des unermüdlich dienstbereiten Herrn Stiftsbibliothekar *Idtensohn*.

PREFATIO WALAHFRIDI ABBATIS AUGENSIS CENOBII DE VITA BEATI GALLI CONFESSORIS CHRISTI.[a)]

NISI ME SANCTARUM AUTORITAS[b)] scripturarum et pręci pue illa veridici prophetæ sententia, qua sacrificio obœdientia præfertur, [1)] ad necessitatem obœdiendi constringeret, præceptis vestris, o sanctissimi patres [2)], apologiæ [c)] huiusmodi genus opponerem: Si propheta, qui, antequam formaretur in utero, a Domino electus est et, priusquam exiret de ventre, sanctificatus est, dum eum Dominus, spiritu suo illustrans [d)], verbi officio manciparet, [3)] de ętatis infirmitate et | ignorantia conquestus est, quid ego peccator acturus sum, qui in iniquitate conceptus et in delicto profusus, propter sordes vitæ incircumcisus sum corde et auribus, quia videlicet nec scienda digne percipio, nec audita devote conservo? Quomodo justitias Domini enarrabo et assumam testamentum eius per os meum, cuius ętatem nec tempus adhuc implevit nec scientia commendavit? cuius dicta nec doctrina corroborat nec vita confirmat? Presertim [e)] cum ea scribere jubeatis et ordinare, quorum dignitatem vix animo torpente conicio. Tres tamen ob causas | audendi talia viam invenio: scilicet, quod credo me a Domino sublevandum, ob cuius jussa pariter et promissa, quod virium consideratione exhorrui, obœdiendi cupiditate suscepi; deinde, quod me confido beati Galli intercessione vestrisque precibus adjuvari, pro quorum veneratione et amore grande onus humeris [f)] aptavi debilibus; postremo, quod alienis insisto vestigiis veritatisque tenendę lineam novis tantummodo cogor passibus dimetiri. Vitam igitur sancti

---

a) „Incipit præfatio de vita beati sancti Galli confessoris"; D rot in Majuskeln; ebenso die zwei folgenden Worte: „Nisi me", B. — b) „auctoritas", B. — c) „apologie", B. — d) „inlustrans", B. — e) „Presertim", B. — f) Das anlautende „b" erst nachträglich vorgesetzt.

[1)] I. Sam. XV. 22. — [2)] Die Vorrede ist an den Abt und die Mönche von St. Gallen gerichtet. Siehe unten p. 5. — [3)] Jeremias I. 5.

Walahfridi vita beati Galli, prologus.

confessoris Christi Galli, patroni nostri, cuius corporis thesaurum fidelibus servatis excubiis, sensu nobilem, scripto | degenerem, vultis a me lumine rectę ᵃ⁾ locutionis ornari et seriem confusam capitulorum distingui limitibus.

5 Ego, cum me non possim ab hoc excusare negotio, eligo potius pro ignavia lacerari, quam pro inobœdientia condemnari. Porro dum pridem ipsum opus perlegerem, inveni ab auctore eiusdem conscriptionis terram, quam nos Alamanni vel Svevi incolimus, Altimaniam ⁴⁾ sępius nominari. Sed ipsius nominis originem quęrens, apud nullum scriptorum,
10 quorum adhuc notitia nos respersit, eius reperi ᵇ⁾ mentionem. Nisi fallor enim, ab alto situ provinciæ ᶜ⁾ idem vocabulum a modernis con | fictum est. Nam juxta scriptores authenticos pars Alamannię vel Svevię inter Alpes Penninas et meridianum litus Danubii sita Retia ᵈ⁾ dicitur. Porro quod est ad septentrionalem plagam Histri, Germaniæ ᵉ⁾ de-
15 putatur. Et ut non nostra dicere existimemur, aliquos ipsius rei testes assciscimus ᶠ⁾. Paulus Orosius, in cuius dictis fides omnium concordat, de situ terræ scribens, hęc inter cętera ᵍ⁾ ponit: *Pannonia, Noricus et Rhetia habent ab oriente Mœsiam, a meridie Histriam, ab africo Alpes Penninas, ab occasu Galliam Bellicam (!)* ʰ⁾, *a circio Da-*
20 *nubii fontem, a septentrione Danubium et Germaniam.* ⁵⁾ Cum | No-

---

a) „recte", B. — b) „repperi", B. — c) „provintiæ", B. — d) „Retia", mit übergeschriebenem „h", B. — e) „Germanie", B. — f) „adsciscimus", B. — g) „cetera", B. — h) „Belgicam", B.

4) Wohl mit Recht wird aus dieser Stelle geschlossen, dass in der ursprünglichen Vita s. Galli da, wo jetzt «Alta Germania» steht (Mitt. XIII. 6. 33. 54), «Altimania» gestanden habe; s. Meyer v. Knonau, Anm. 31. — Eine andere, unseres Wissens noch unbekannte Deutung des Namens «Alemannia» gibt der erste, unbekannte Glossator der Orosius-Handschrift der St. Galler Stiftsbibliothek, Cod. 621 (ihr zweiter Glossator ist Ekkehart IV.; vrgl. Scherer, Verzeichnis der Handschriften der Stiftsbibliothek von St. Gallen, S. 202). Jener Anonymus — wohl des X. Jahrhunderts — schreibt über die Schluss-Stelle von lib. I, cap. XVI der Handschrift, auf p. 41 derselben («ubi plurimam partem Svevi tenent»), folgende Glosse: «a Svevo monte, circa quem habitant, sic nominati. Sed et ab ipsis egressi Alemanni nunc vocantur, *a Lemanno videlicet laco* (!), cui propinqua armis subegerunt». — 5) Vrgl. Cod. 621, pp. 41 u. 42, der Stiftsbibliothek, p. 24 der Ausgabe von Zangemeister (Corpus Scriptorum ecclesiasticorum Latinorum, vol. V). Die nach «Danubii fontem» weggelassenen Worte «et limitem, qui Germaniam a Gallia inter Danubium Galliamque secernit», waren allerdings für den nächsten Zweck Walahfrids überflüssig. — «Bellicam» für «Belgicam» wird lediglich als ein Fehler des Abschreibers zu betrachten sein. — In dem alten Verzeichnis der Reichenauer Bibliothek aus dem «achten Jahre Kaiser Ludwigs» — des Frommen —, also aus dem Jahre 821, findet sich eine Handschrift des Orosius unter dem

ricus regio sit Baioariorum et eius septentrionalis terminus Danubius et Germania, necesse est, Rhetiam, quę simul ponitur, eisdem finibus aquilonem versus terminari. Solinus quoque in Polihistore^{a)}, ubi Gallię facit mentionem, has provintias uno terrarum tractu positas his verbis designat: *Ex isto sinu,* videlicet Gallię, *quaqua parte orbis velis exeas. Si Tracia*^{b)} *sit petenda, excipit ager Rheticus, bonus frugibus, Brigantino lacu nobilis; inde Noricus frigidus, partius fructuosus, qua subducitur a jugis Alpium, admodum lętus. Dehinc Pannonię* (p. 15) *viro fortes, solo plano ubertoque, Dravo Savoque, inclytis amnibus, circumfluę.*⁶⁾) Si^{c)} Rhetia solummodo infra Alpes est, ut multi volunt, quę consequentia est, ut Noricum a Gallia pergentes asperitatem Alpium transcendamus et non potius per majorem Rhetiam⁷⁾) recto itinere Noricum usque tendamus? In qua etiam Rhetia, secundum supradictam sententiam, Brigantium oppidum, jam vetustate collap-

---

a) „Polihystore", B. — b) „Tratia", B. — c) „Sed", irrtümlich durch Rasur aus „Si" hergestellt, B. Titel: «Historiæ totius mundi calamitatum et miseriarum in codice I.», ausserdem noch einmal das fünfte Buch dieses Werkes allein. Dagegen fehlt Solinus. S. Neugart: Episcopatus Constantiensis P. I. T. I, p. 540.

6) Die citirte Stelle des Solinus lautet ergänzt in der Handschrift der Stiftsbibliothek, Cod. n. 187, p. 78, wie folgt: «Ex isto sinu quaqua parte orbe(!) velis exeas, in Hispanias et in Italiam terra marique, in Africam mari tantum. Si Thracia sit potenda(!), excipit ager Rheticus, frigidus et parcius fructuosus, bonus frugibus, Brigantino lacu nobilis; inde Noricus, qua subducitur a jugius(!) Alpium, admodum lætus. Dehinc Pannoniæ, viro fortis(!), solo plano ubertoque, Dravo Savoque inclutis(!) amnibus circumfluæ.» Aus dieser kurzen Probe ergibt sich schon, was sich bei weiterer Prüfung noch deutlicher herausstellt, dass die Handschrift Cod. 187 von einem Schreiber herrührt, der selbst nicht verstand, was er schrieb. Er hat auch ohne Zweifel die Worte «frigidus et parcius fructuosus» irrtümlich von dem «ager Noricus», wohin sie gehören, zu dem «ager Rheticus» gestellt. Vrgl. im weitern über diesen Codex die Ausgabe des Solinus von Th. Mommsen, Berolini 1864, p. LV. In dem Texte dieser Ausgabe, S. 111, lautet die ganze Stelle, wie folgt: «Ex isto sinu quoquo orbis velis exeas: in Hispanias et in Italiam terra marique, in Africam mari tantum; si Thracia sit petenda, excipit ager Ræticus, optimus et ferax; inde Noricus frigidus et parcius fructuosus; tum Pannonia viro fortis et solo læta.» —

7) Wenn die «major Rhetia» hier einen bestimmt abgeschlossenen Begriff bezeichnen soll, so wäre wohl nur an die territorial wirklich ausgedehntere, ehemalige Provinz «Rætia secunda» — Vindelicien oder die bairisch-schwäbische Hochębene zwischen Alpen und Donau — zu denken. Dass die Bezeichnung «Rætia major» für «Rætia secunda» auch sonst noch vorgekommen wäre, ist uns nicht bekannt. Jedenfalls hätte sie sich zu den Zeiten Walahfrids nur noch als eine Erinnerung aus früherer Zeit oder als historische Überlieferung erhalten, da damals die einstige «Rætia secunda» schon längst im Herzogtum Baiern aufgegangen war.

sum^{a)}, lacui, qui Rheno interfluente efficitur, nomen dedit, qui alio nomine juxta Grecam ęthimologiam^{b)} Potamicus appellatur. Igitur quia mixti Alamannis Svevi partem Germaniæ^{c)} ultra Danubium, partem Rhetię inter Alpes et Histrum, partemque Gallię circa Ara|rim obsederunt, antiquorum vocabulorum veritate servata ab incolis nomen patrię derivemus et Alamanniam vel Sveviam nominemus. Nam cum duo sint vocabula unam gentem significantia, priori nomine nos appellant circumpositę gentes, quę Latinum habent sermonem; sequenti usus nos nuncupat Barbarorum⁸⁾). Scimus similiter Francos⁹) partes Germaniæ vel Galliæ non solum potestati, sed etiam suo nomini subjugasse. Et quia provintiarum^{d)} descriptiones attigimus, liceat paucis Hiberniæ insulę, de qua nobis tantum decus emicuit, juxta eosdem auctores situm commemorare. *Hibernia insula,* ut scribit Orosius¹⁰), *inter Britanniam et Hispaniam sita, longiore ab africo in boream spatio porrigitur. Hæc propior Britanniæ^{e)}; spatio terrarum angustior, sed cęli solisque temperie^{f)} magis utilis;* et, ut supradictus Solinus¹¹) testatur, *ita pabulosa, ut pecua ibi, nisi interdum æstate a pastibus arceantur, in periculum agat saties. Illic nullus anguis, avis rara.* Quam horrenda vero ipse vel alii de moribus incolarum eius testentur, fide Christi jam lucente supersedendum est; quia ubi abundavit peccatum, superabundavit gratia

---

a) „conlapsum", B. — b) „ęthimologiam", B. — c) „Germanie", B. — d) „provinciarum", B. — e) „Britanię", B. — f) „temperię", B.

8) Die westlichen und südlichen, lateinisch sprechenden Nachbarn stiessen eben zunächst mit den alamannischen Schwaben zusammen; die «Barbaren» — östlich und nördlich angrenzende deutsche und slavische Stämme — mit denjenigen schwäbischen Stämmen, an welchen die alte, allgemeine Bezeichnung der «Sveven» oder «Schwaben» haften geblieben war. Daher die verschiedene Benennung. Vrgl. Baumann, Schwaben und Alamannen, in den Forschungen zur deutschen Geschichte, Bd. XVI. — 9) «Franci» hier schon in auffallendem Gegensatze zu «Germania». Die Franken stehen gewissermassen als ein besonderes Volk mitten zwischen Germanien, aus dem sie hervorgegangen sind, und Gallien, welches sie ihrer Herrschaft unterworfen haben. Sehr bezeichnend drückt sich in dieser Beziehung eine Glosse aus, welche in der St. Galler Handschrift des Orosius über die in Anm. 5 citirte Stelle geschrieben ist: «ipsum istum limitem Alemanni, Alsatii et Franchorum pars Teutona incolunt. Nam et Galli nunc Franci solent vocari.» — 10) Lib. I, cap. 27, p. 44 der St. Galler Handschrift; p. 29 der Ausgabe von Zangemeister. — 11) P. 78 der St. Galler Handschrift, die wieder «satias» für «saties» schreibt. An das Citat des Textes schliessen sich über die Sitten des Volkes unmittelbar folgende Worte: «gens inhospita et bellicosa, sanguine interemptorum hausto prius victores vultus suos oblinunt; fas ac nefas eodem animo ducunt.» — Der Text von Mommsen, S. 112, lässt in der citirten Stelle «æstate» weg und schreibt «ad periculum».

(p. 18) et a solis ortu Indis vel Æthyopibus[a] usque ad occa|sum Britannis vel Scottis jam laudabile est nomen Domini. Excelsus enim est super omnes gentes Dominus et super cælos gloria eius.

Obsecro itaque te[b], Gozberte[c] [12]) carissime, abba monasterii sancti Galli, cunctosque fratres, qui sub te militiæ deserviunt spiritali, ut me orationibus adjuvetis, quatenus et hoc opus et alia deinceps digne Deo merear explicare. Nam si gratanter recte a nobis posita susceperitis, clementer vero titubantia correxeritis et, si Dominus permiserit, huius operis agreste pulmentum postmodum aliquibus metrorum condimentis (p. 19) infundam. [13]) Dignum quippe est, ut nostris lau|dibus per orbem celebretur, quem de extremis orbis finibus[d] ad nostram salutem Dominus destinavit. Bene valentem et nostri memorem paternitatem vestram in ęternum sancta trinitas conservare dignetur. Amen.

EXPLICIT PROLOGUS.

O pater, o patris proles, o spiritus alme,
Une et trine Deus, nos miserate, rege.
Me tua jussa ligant, tua me promissa gubernent,
Luceat in dictis lux tua, quęso, meis.
In te, Galle, Deum, in Domino te, Galle, fatebor.
Tu pro me sacras funde pręces[e] Domino,
Ut veniam noxis, dictis moderamina præstet[f],
Quod nocet, evellat, quod juvat[g], amplificet.

(Mit der Überschrift: INCIPIUNT CAPITULA. HÆC CONTINENTUR IN SEQUENTI OPUSCULO — folgen in Codex C und B hier nacheinander die Inhaltsangaben der einzelnen Capitel, welche wir diesen jeweilen voraussetzen.)

---

a) „Æthiopibus", B. — b) „te itaque", B. — c) „Gozperte", in Majuskel, B. — d) „finibus orbis", B. — e) „preces", B. — f) „prestet", B. — g) „juvet", B.

12) Gozbert, Abt vom April 816 bis Mai 837, besonders bekannt durch seinen Neubau der Klosterkirche. — 13) An der Durchführung dieser Absicht wurde Walahfrid durch seinen vorzeitigen Tod verhindert. S. darüber Dümmler: Poetæ Latini Ævi Carolini II, S. 261 u. 428.

IN NOMINE DOMINI NOSTRI JESU CHRISTI INCIPIT VITA BEATI GALLI CONFESSORIS.^{a)}

I. Quibus provectibus^{b)} beatus Gallus a pueritia sub magisterio sancti Columbani usque ad sacerdotii^{c)} profecerit dignitatem.

CUM PRÆCLARA SANCTISSIMI VIRI COLUMBANI, QUI ET COLUMBA, CONversatio per omnem Hiberniam celebris haberetur et veluti splendidum ignei solis jubar singulari decore omnium in se provocaret amorem, sicuti de eo, priusquam nasceretur, provisum esse liber gestorum ipsius pleniter indicat, inter cęteros, quos fama virtutum eius attraxerat, parentes beati Galli, secundum Deum religiosi, secundum sęculum nobiles [14]), filium suum primo^{d)} ætatis flore nitentem cum oblatione Domino offerentes, illius magisterio commendaverunt, ut in regularis vitæ proficeret disciplina et inter plurimos spiritalis militiæ sectatores obędientiæ et artioris propositi imitaretur exempla. Dumque bonæ indolis vir caro nutriretur affectu, magno virtutum crevit augmento. Superna quoque gratia se præveniente, tanto studio divinas epotavit scripturas [15]), ut de thesauro suo | nova proferre posset et vetera, grammaticę etiam^{e)} regulas metrorumque subtilitates capaci consequeretur ingenio. Obscura autem scripturarum tam sapienter scire volentibus reseravit, ut cuncti, qui eius prudentiam et sermones audierant, admiratione eum et laude dignissimum judicarent. Qua sapientiæ maturitate factum est, ut universorum communi consilio et jussione Columbani abbatis, per singulos sacræ promotionis gradus ascendens, invitus sacerdotii susciperet dignitatem. Ergo dum sacris instaret officiis, die noctuque præ-

---

a) „confessoris Christi", B. — b) „profectibus", Mabillon: Acta Sanctorum ordinis Sancti Benedicti. Sæculum secundum, quod est a Christo nato septimum, p. 230. — c) „sacerdotis", Mabillon, l. c. — d) „primæ", Mabillon, l. c. — e) „etenim", B.

[14]) Über die Genealogie des h. Gallus vrgl. Meyer v. Knonau in den Mitt., Heft XII, p. 1, Anm. 1, und Mabillon, l. c., Anm. a. — [15]) Walahfrid hebt hier im Vergleiche mit dem Anonymus (vrgl. Mitt. XII, pp. 1 u. 2) des h. Gallus ausgezeichnete Kenntnis der h. Schrift und dessen Gelehrsamkeit besonders hervor.

M PRAE
CLARA
SCISSIMI
UIRI COLUMBANI QUI ET COLUMBA CON
uersatio per omnem hiberniam celebris haberetur. & uelut splen
didum ignei solis iubar singulari decore omnium inst prouoca
ret amorem. sicut deo priusquam nasceretur prouisum ee
liber gestorum ipsius pleniter indicat. Inter ceteros quos fa
ma uirtutum eius attraxerat. Parentes beati galli sedm dñi
religiosi. secundum seculum nobiles filium suum primo aeta
tis flore nitentem cum oblatione dño offerentes. illius ma
gisterio commendauerunt. ut in regularis uitae proficeret
disciplina. & inter plurimos spiritalis militiae sectatores obe
dientiae & artioris proposita imitaretur exempla. Dumq
bonae indolis uir. caro nutriretur affectu. magno uirtutum
creuit augmento. Superna quoq. gratia se praeueniente
tanto studio diuinas epotauit scripturas. ut de thesauro suo

Cod: Nº 562 Seite 3 ½ Grösse d. Orig:

cibus Dominum placavit et lacrimis. Et superni inspectoris oculis placere desiderans, pro virtutum et vitę meritis amabatur ab omnibus, placuit universis.

II. Qualiter sancti viri, pro nomine Domini peregrinationem aggressi, ad Sigibertum regem pervenerint et Luxovium cęperint[a)] incolere.

DUM[16)] HÆC AGERENTUR COTTIDIE, BEATUS COlumbanus evangelicam cupiens assequi perfectionem, ut videlicet omnibus, quæ habebat, relictis crucem suam tolleret et nudus Dominum sequeretur, consilio suo egit cum fratribus, quorum animos idem fervor accenderat, ut spreta propinquorum et prędiorum dulcedine, mentis ardorem opere comprobarent. Ascendentes igitur navim, venerunt Brittanniam et inde ad Gallias transfretarunt[17)]. Cumque vir Dei ad Sigibertum regem cum suis pervenisset, rogavit eum rex, ut infra Gallias resideret nec eis relictis ad gentes alias commigraret; se vero spopondit omnia, quę sanctus pater peteret, præbiturum[b)]. Ad hæc vir Dei respondit |: *Qui nostra reliquimus, ut secundum evangelicam jussionem Dominum sequeremur, non debemus alienas amplecti divitias, ne forte prævaricatores simus divini mandati.* Cuius objectioni rex ita occurrens ait: *Si crucem tollere et Christum sequi desideras, vastę heremi sectare quietem. Tantum ne solo nostræ ditionis relicto ad vicinas transeas nationes*[c)]*. Poteris enim hoc consilio*[d)] *et tua pręmia cumulare et nostræ saluti prospicere.* Itaque regis persuasioni consensit et accepta optione heremum, quæ Vosegus[e) 18)] dicitur, cum suis intravit. Invenerunt autem locum muris antiquitus septum, calidis aquis irriguum, sed jam vetustate conlapsum, qui vulgo Luxovium vocabatur. Ibi oratorium in honorem[f)] beati Petri apostoli construentes, mansiunculas, in quibus commanerent, fecerunt. Illisque ibi conversantibus

---

a) „cœperint", B. — b) Über dem Texte „sibi", B. — c) „nationes transeas", B. — d) „conando", B. — e) „Vosagus", Anonymus, Mitt. XII, p. 4, und Mabillon, l. c. — f) „in honore", C.

16) Was hier Walahfrid an die Spitze seines II. Capitels setzt (von »Dum — comprobarent«), steht bei Meyer v. Knonau in den Mitt. XII, p. 2, nach seiner Capiteleinteilung der Vita des Anonymus noch im I. Capitel. — 17) Vrgl. dazu Meyer v. Knonau, Mitt. XII, p. 2, Anm. 8. — 18) Meyer v. Knonau lässt in den Mitt. XII, p. 4, mit der Einwanderung des h. Columbanus und seines Gefolges in den Wasgau und der Niederlassung derselben in Luxeuil den Anonymus das III. Capitel beginnen, woran sich der Besuch und die Bekehrung von Burgundern und Franken reiht, während dies alles bei Walahfrid den Schluss des II. Capitels bildet.

et ipsum locum excolentibus, multi non solum de genere Burgundionum, sed etiam Franchorum amore vitæ laudabilis ad ipsos confluxerunt; et monitis spiritalibus instituti, tantam compunctionis gratiam ex verbis eorum adepti sunt, ut omnia sua ad ipsum locum nonnulli contraderent et coma capitis deposita monasticæ vitæ habitum voluntaria paupertate susciperent.

III. Qua auctoritate beatus Columbanus Theodoricum regem corripuerit[a)] et quibus odiis eum Brunnihildis[b)] de regno illo ejecerit qualiterque ad Lotharium regem indeque ad Theodebertum cum suis pervenerit.

CUMQUE HÆC TAM FELIX COMMANENTIUM SEMper in melius proficeret disciplina, singularis beati Columbani sanctitas, miraculis [19)] frequentibus comprobata, per totas | cœpit Galliæ vel Germaniæ (p. 6) diffamari provincias. Laudabatur ab omnibus, colebatur a cunctis, adeo ut Theodericus rex, filius Hildiberti, nepos Sigiberti, qui eo tempore Burgundionibus regnabat, ad eum sepe veniret et pręcum eius suffragia summa cum devotione deposceret. Quem cum pater sanctus increparet, cur concubinarum pollueretur amplexibus et non potius legitimę conjugis conubio frueretur, monitis eius obtemperans, cuncta huiusmodi inlicita se vitaturum promisit. Sed Brunnihildis, avia regis, videns, eum viri Dei consiliis obędire, stimulo malitiæ concitata, mentem serpentino furoris armavit veneno. Verebatur enim, ne, si abjectis concubinis regina in consortium regni assumeretur, dignitas sua honore subtracto vilesceret. Quo timore laborans, invidiam contra virum Dei cœpit habere. Et post multas injurias, quas illi machinata est, ut scriptura sanctæ conversationis eius testatur, consilio cum rege inito, ut eum regno suo deturbaret, misit legatarios suos cum epistola ad sanctum virum, denuntians ei, ne deinceps in illo[c)] regno consisteret. Ille Jezabelis[d)] insidias devitans[e)], iter cum suis aggressus, ad Lotharium [20)] regem pervenit.

a) „corripuit", Mabillon, l. c. — b) „Brunnildis", B, „Brunichildis", Mabillon, l. c. — c) „regno ille", Mabillon, l. c. — d) Das anlautende „J" auf einer Rasur und ohne Zweifel aus „Z" hergestellt; B und C lesen „Zezabelis". — e) „vitans", C, D.

19) Diesen Zug, betreffend das wachsende Ansehen des h. Columbanus in ganz Gallien und Germanien infolge von Wundern, hat Walahfrid hier hinzugefügt. Vrgl. den Anonymus in den Mitt. XII, p. 5. — 20) Was von hier an bis zum Ende des III. Capitels folgt: die Ankunft des h. Columbanus beim Könige Lothar, die weitere Wanderung desselben zu

Apud quem cum aliquanto tempore moraretur, rogavit, ut illius solatio ad Theodebertum, Austrasiorum regem, pervenire potuisset. Ad (p. 7) quem cum secundum petitionem voluntatis suæ venerabiliter missus | esset, susceptus est ab eo cum omni honore et gaudio magno. Mansit itaque apud illum aliquot diebus, sacras scripturas aperiens et insinuans ei veritatem. Cumque et ipsum rogaret, ut ad Agilolfum, regem Langobardorum, eius jussu per Alamanniam duceretur, moleste ferens rex tantorum discessum virorum, pollicitus est eis infra[a] terminos sui regni[b] se reperturum loca venusta, quæ famulis Dei et ad incolendum essent commoda et ad instruendas verbo veritatis circumpositas nationes opportuna(!). Vir Dei semen verbi in cordibus gentium plantare desiderans, aliquantisper moraturum se promisit, si regia auctoritas factis dicta firmaret.

IIII. Quomodo optione data quęrendę habitationis ad Tuconiam venerint[c] et quid ibidem gesserint[d].

ACCEPTA IGITUR A REGE LICENTIA ELIGENDI locum, ubicumque voluissent, dum loca plurima perlustrassent, venerunt infra partes Alamanniæ ad fluvium, qui Lindimacus vocatur. Juxta quem ad superiora tendentes, pervenerunt ad lacum Turicinum. Cumque per litus ambulantes venissent ad caput laci[e] ipsius in locum, qui Tucconia dicitur, placuit illis loci qualitas ad inhabitandum. Porro homines ibidem commanentes crudeles erant et impii, simulacra colentes, idola sacrificiis venerantes, observantes auguria et divinationes, et multa, quæ contraria sunt cultui divino, superstitiosa sectantes[21]). Sancti igitur homines, cum cœpissent inter illos habitare, docebant eos adorare patrem et filium et (p. 8) spiritum sanctum et custodire fidei | veritatem. Beatus quoque Gallus, sancti viri discipulus, zelo pietatis armatus, fana, in quibus dęmoniis sacrificabant, igni succendit et, quęcumque invenit oblata, demersit in lacum. Qua causa permoti, ira et invidia sanctos persequebantur[f] et communi

---

a) „intra", Mabillon, l. c. — b) „regni sui", Mabillon, l. c. — c) „venerunt", Mabillon, l. c. — d) „gesserunt", Mabillon, l. c. — e) „lacus", C, D. — f) „insectabantur", C, D.

Theodebert, König von Austrasien, die freundliche Aufnahme bei diesem und der zeitweilige Aufenthalt daselbst füllt den grösseren Teil des II. Capitels von der älteren Vita bei Meyer v. Knonau in den Mitt. XII, pp. 6 u. 7.

21) Walahfrid malt hier mit den Worten »simulacra colentes — superstitiosa sectantes« die einfache Andeutung des heidnischen Aberglaubens der Tuggener beim Anonymus aus. Vrgl. Mitt. XII, p. 8. Vrgl. Meyer v. Knonau, Mitt. XII, Einl. p. XVI.

consilio Gallum perimere voluerunt, Columbanum vero, flagellis cęsum et contumeliis affectum, de suis finibus proturbare[a]. Beatus autem[b] pater, cognito consilio eorum, zelo justitiæ imprecatus est eis, talia dicens: *Deus, cuius providentia mundus subsistit et cuncta reguntur, fac super caput generationis huius reverti contumelias, quas famulis tuis paraverunt. Nati eorum facile pereant et, antequam senescant, præ subitaneo stupore delirare cogantur ipsique cum terra, quam incolunt, dura potentium dominatione pręmantur, ut cunctis ignominia eorum pateat in æternum.* Et sicut scriptum est: *Convertatur dolor eorum in caput ipsorum et in verticem illorum iniquitas ab ipsis patrata descendat.*[22])

V. Adventus eorum ad Willimarum presbiterum apud Arbonam et humanitas eius et Brigantii commemoratio[c].

POST HÆC NON TIMORE PERSECUTIONIS PERTERritus, sed amore spiritalis lucri persuasus, contumacium sterilem turbam reliquit, ne inaniter arida corda diutius irrigaret, qui benivolis mentibus quamplurimum prodesse interim potuisset[23]). Pergens ergo inde cum suis, pervenit in castrum, quod Arbona vocatur, et invenit ibi presbiterum bonitate conspicuum, nomine Willimarum. | Qui cum intuitus eum fuisset, (p. 9) dixit: *Benedictus, qui venit in nomine Domini* et reliqua[24]). Cui vir Dei ita respondit: *De regionibus congregavit nos Dominus*[25]). Presbiter ergo, adprehensa dextera eius, duxit eum in oratorium et, postquam pariter oraverunt, introduxit eos hospitium[d]. Qui pacem domui imprecantes[e], deposuerunt sarcinulas suas. Postquam vero recubuerunt, jussione abbatis Gallus divina recitavit eloquia, profunda reserans veritatis. Inter sancta doctrinę salutaris convivia, prudentiam viri sacerdos miratus[f], a fletu se continere non potuit. Toto autem septem dierum circulo[g] cum summo honore et diligentia illis ministravit et, quos carnalibus fovit delitiis, ab ipsis cottidie pastus est dapibus scripturarum. Inter sacræ igitur ædi-

---

a) Randbemerkung in B „studuerunt" vor „proturbare". — b) „autem" fehlt in B, C, D. — c) „commoratio", Mabillon, l. c., p. 232. — d) „in hospitium", Mabillon, l. c. — e) „eis" vor „imprecantes" über dem Texte, B. — f) „admiratus", B. — g) „curriculo", B.

22) Mit dieser Verwünschung und dem Citat aus der h. Schrift, Ps. VII (VIII), 17, schliesst Meyer v. Knonau das V. Capitel der älteren Vita. Vrgl. Mitt. XII, p. 8. — 23) Das kurze *Date locum iræ* (Röm. XII, 19), das der Anonymus dem weiter ziehenden h. Columbanus an seine Begleiter in den Mund legt (vrgl. Mitt. l. c.), erweitert Walahfrid durch die vorliegende Einleitung seines V. Capitels, welches dem VI. bei Meyer v. Knonau in den Mitt. XII, pp. 8 u. 9, entspricht. — 24) Ps. CXVII (CXVIII), 26. — 25) Ps. CVI (CVII), 2 (3).

ficationis colloquia Columbanus abba presbiterum interrogavit, si sciret aliquem in solitudine locum, in quo cellula fieri potuisset, custodiis aliquantulum regularibus oportuna. Hospes sanctorum huic inquisitioni respondit: *In hac solitudine locus quidam est antiquæ structuræ, servans inter ruinas vestigia, ubi terra pinguis et fructuariis proventibus apta, montes per girum excelsi, heremus vasta et imminens oppido, planities copiosa victum quęrentibus fructum laboris non negat* [26]). Et cum loci ipsius situm per multa laudasset, indicavit nomen eius Brigantium.

VI. Ut eundem locum adierint et quid in conventu populi beatus Gallus fecerit, qualiter oratorium restauraverint et quamdiu ibidem constiterint.

ILLIS IGITUR ILLUC IRE CUPIENTIBUS, PARAVIT presbiter naviculam et imposuit remiges. Venerabilis autem abba | comitibus[a)] Gallo et quodam diacono navem[b)] conscendens, invocato nomine Domini, ad locum desideratum via recta pervenit. Egressi de navicula, oratorium in honore[c)] sanctę Aurelię constructum adierunt, quod postmodum beatus Columbanus in priscum renovavit honorem. Post orationem cum per girum oculis cuncta lustrassent, placuit illis qualitas et situs locorum. Deinde oratione praemissa, circa oratorium mansiunculas sibi fecerunt. Repererunt autem in templo tres imagines æreas, deauratas, parieti affixas, quas populus, dimisso altaris sacri cultu, adorabat et oblatis sacrificiis dicere consuevit: *Isti sunt dii veteres et antiqui huius loci tutores, quorum solatio et nos et nostra perdurant usque in pręsens*[27]). Columbanus itaque beato Gallo id injunxit officii, ut populum ab errore idolatrię ad cultum Dei exhortatione salutari revocaret, quia ipse hanc a Domino gratiam meruit, ut non solum Latinę, sed etiam Barbaricę locutionis cognitionem non parvam haberet. Cumque eiusdem templi sollemnitas ageretur, venit multitudo non minima promiscui sexus et ætatis, non tantum propter festivitatis honorem, verum etiam ad videndos peregrinos,

---

a) „cum comitibus", Mabillon, l. c. — b) Die Correctur „nav*im*" über der Zeile möglicherweise von erster Hand. — c) „honorem", Mabillon, l. c.

[26]) Auch die genauere Beschreibung der Gegend von Bregenz mit den Worten: •In hac solitudine — negat• ist eine Zutat Walahfrids. Vrgl. Mitt. XII, p. 9 und Meyer v. Knonau, Mitt. XII, Einl. p. XVI. — [27]) Diese interessanten Worte über den heidnischen Bildercultus, welche Walahfrid den Bewohnern von Bregenz in den Mund legt, finden sich nicht in der älteren Vita. Vrgl. Mitt. XII, p. 10.

quos agnoverant advenisse. Ergo dum ad horam orationis concurrerent, jussu venerandi abbatis Gallus cœpit viam veritatis ostendere populo et, ut ad Dominum[a)] converterentur, admonere, utque vanis[b)] abjectis adorarent Deum patrem, creatorem omnium rerum et unigenitum eius filium[c)], in quo est salus, vita et resurrectio mortuorum. | Et in conspectu [p. 11] omnium arripiens simulacra et lapidibus in frusta comminuens, projecit[d)] in lacum. His visis nonnulli conversi sunt ad Dominum et confitentes peccata sua, laudes Domino pro sua inluminatione dederunt.

Alii propter imaginum comminutionem ira et furore commoti, gravi indignationis rabie turbidi recesserunt. Beatus autem Columbanus jussit aquam afferri[e)] et benedicens illam, aspersit ea templum. Et dum circuirent psallentes, dedicavit ęcclesiam. Deinde invocato nomine Domini, unxit altare et beatę Aureliæ reliquias in eo collocavit vestitoque altari missas legitime compleverunt[28)]. Omnibus itaque rite peractis, reversus est populus in sua cum gaudio magno. Post hæc permansit ibi beatus Columbanus cum commilitonibus suis tribus annis. Et ædificata inibi cellula, alii hortum laboraverunt, alii arbores pomiferas excoluerunt. Beatus vero Gallus texebat retia et misericordia Dei cooperante tantam piscium copiam cœpit, ut numquam fratribus defuissent. Quin etiam adventantes peregrinos huiusmodi juvit solatio et de eodem labore assiduas populo benedictiones exhibuit.[29)]

VII. Quas dœmonum voces Gallus audierit et quomodo idem terror abscesserit.

ET[f)] DUM QUODAM TEMPORE RĘTIA SUA MITTERET in pelagus in silentio noctis, audivit dęmonem magno vocis strepitu de vertice montis proximi vocantem quendam alterum nominatim, quasi in pelago commorantem. Cumque et is, qui vocabatur, presto se esse quasi de lacu respon | deret[g)]: *Consurge,* inquit ille, *in adjutorium mihi, ut* [p. 12]

---

a) „Deum", Mabillon, l. c. — b) Über dem Texte „idolis", B. — c) „filium eius", Mabillon, l. c. — d) Über dem Texte „ea", B. — e) „aquam ferri", B. — f) „At", Mabillon, l. c. — g) „respondet", B.

28) Walahfrid hat hier durch seine eingehende Schilderung der Wiedereinweihung des Tempels der h. Aurelia in Bregenz die kurze Angabe des Anonymus erweitert. Vrgl. Mitt. XII, p. 11 und Meyer v. Knonau, Mitt. XII, Einl. p. XVII. — 29) Anknüpfend an die Worte •ingenium exercebant in artibus diversis• (vrgl. Mitt. XII, p. 11) des Anonymus, führt Walahfrid auch hier jenen einfachen Zug, betreffend die Lebensweise der Mönche in Bregenz während drei Jahren, aus. Vrgl. Meyer v. Knonau, Mitt. XII, Einl. p. XVII.

peregrinos istos eiciamus de sedibus his[a]*, quia ipsi de longe venientes, me de templo meo expulerunt, simulacra mea detriverunt*[b] *et populum, qui me sequebatur, post se averterunt. Commoveat te injuria, quam patior, et hostes communes unitis viribus a nostris terminis arceamus.* Et ipse[c] respondit: *Heu, quod de tuis calumniis*[d] *narras, ex meo contemptu percipio. Nam unus ex illis me in pelago premit et mea*[e] *devastat, cuius nec retia umquam corrumpere possum nec ipsum decipere, quia invocatio divini nominis de ore eius numquam recedit, qua*[f] *munitus, continua vigilantia insidias nostras contempnit. Quapropter tam cautos bellatores*[g] *nostræ non superabunt versutiæ* [30]). His auditis vir Dei munivit se undique signo sanctę crucis et dixit illis: *In nomine Domini nostri Jesu Christi adjuro vos, ut recedatis de loco isto et neminem hic ledere presumatis.* Deinde cum ad litus festinanter redisset, abbati suo, quæ audierat, nuntiavit. Ille hæc auditu percipiens, ęcclesiam petiit et signo pulsato fratres convenire fecit. Prius autem, quam initium psallendi fecissent, auditę sunt diræ voces dęmoniorum per montium summitates et quasi discedentium hejulatus cum terrore confusus. Hæc audientes servi Dei, postraverunt se in orationem, Domini postulantes protectionem illique laudes et gratias persolventes, quia eos liberare dignatus est de terroribus malignorum. [31])|

VIII. Machinatio et malitia incolarum adversus sanctos viros et post præceptum ducis consilium discedendi.

INTEREA NONNULLI CIVIUM PROPTER IDOLORUM SUORUM abolitionem, prædicationis eorum monita contemnentes, cœperunt contra eos odia concitare, insidias machinari. Qua etiam intentione locorum ipsorum ducem, nomine Gunzonem, adierunt et apud eum accusaverunt sanctos, dicentes, venationem publicam in eisdem locis[h] propter illorum infestationem peregrinorum esse turbatam. Quo audito dux furore suc-

---

a) „bis sedibus", Mabillon, l. c. — b) „contriverunt", B, C, D. — c) „ille", C. — d) „calamitatibus", Mabillon, l. c., p. 234. — e) „me", B. — f) „quia", Mabillon, l. c. — g) „bellatores fidei", Mabillon, l. c. — h) „eisdem locis" ohne „in", B.

[30]) Die nicht unwesentliche Änderung der wörtlich angeführten Rede der beiden Geister in der Vita des Anonymus (vrgl. Mitt. XII, p. 11) zeigt recht deutlich, mit welcher Freiheit Walahfrid diese überarbeitet und in ein neues, gefälliges Gewand gebracht hat. Vrgl. oben die »Præfatio», p. 2, und Meyer v. Knonau in den Mitt. XII, Einl. p. XIV. — [31]) Das hier schliessende VII. Capitel bei Walahfrid entspricht genau dem VIII. in der Vita des Anonymus bei Meyer v. Knonau in den Mitt. XII, pp. 11 u. 12.

census, missis nuntiis, famulos Dei de loco eodem discedere jussit. Sed neque hoc sufficit satellitibus dęmonum; quin etiam vaccam eorum furto abstrahentes, in invia ducunt silvarum. Quos cum duo de fratribus e vestigio insecuntur, consurgentes latrunculi interficiunt eos et auferentes spolia eorum, discedunt. Mirati autem fratres, cur tamdiu differant redire, mittunt alios, qui eos requirant.

Illi vestigia eorum secuti, occisos eos inveniunt et cadavera ipsorum suis humeris[a)] imponentes, ad cellam reportant. Inter hos angustiarum et tristitiæ fluctus, nuntius ducis adveniens, de illo eos loco commeare præcepit, nec immerito, quia non est societas luci ad tenebras. Egit[32)] autem hoc arte sua diabolus, ut populum, quem in præsentia lucis amittere cœpit, discedente sanctitatis fulgore, tenebris occuparet antiquis. Sancti igitur viri moleste ferentes, quod sede pellerentur amabili, consilio communi Italiam petere decreverunt. Et dum nimio tenerentur dolore, sanctus pater Columbanus his verbis cœpit eos consolari: *Invenimus quidem, fratres,|his in partibus auream concam, sed venenatis serpentibus plenam.* (p. 14) *Cedat tamen tristitiæ languor exitialis, quia certa est fiducia de auxilio protectoris. Deus enim, cui servimus, angelum suum mittet nobiscum, qui nos perducat ad Agilulfum*[b)]. *Langobardorum regem, ubi eius clementia pręparante humanos affectus et*[c)] *pace plenum habitationis locum inveniemus.*[33)]

VIIII. Qualiter discedentibus cęteris Gallus ob infirmitatem remanserit quaque sedulitate a Willimaro presbitero receptus sit et apud eum recreatus[d)].

POST HÆC IGITUR CUM PROFICISCENDI TEMPUS INstaret, beatum Gallum repentina febris invasit. Unde abbatis sui pedibus advolutus, indicavit se[e)] infirmitate vehementi laborare et ideo iter propositum non posse perficere. Ille vero existimans, eum pro laboribus ibidem consummatis[f)] amore loci detentum, viæ longioris detrectare laborem,

---

a) Das anlautende „h" erst später nachgetragen. — b) „Agilolfum", C, „Agilolphum", Mabillon, l. c. — c) „cum" über dem Texte, B. — d) „recreatus sit et apud eum recreatus", B. Die Worte in C. „et apud eum recreatus" fehlen bei Mabillon,.l. c. — e) „indicavit se" doppelt, B. — f) „consummandis", Mabillon, l. c.

32) Man beachte hier bis zum Schlusse des Capitels die ausführende Hand Walahfrids. Vrgl. die einfachen Züge des Anonymus bei Meyer v. Knonau in den Mitt. XII, p. 13. — 33) Dieses Capitel entspricht dem IX. des Anonymus bei Meyer v. Knonau in den Mitt. XII pp. 12 u. 13.

dixit^{a)} ei: *Scio, frater, jam tibi onerosum esse tantis pro me laboribus fatigari. Tamen hoc discessurus*^{b)} *denuntio, ne me vivente in corpore missam celebrare presumas.* Et cum ei licentiam per se conversandi dedisset, viam ingressus est abeundi. Post discessum^{c)} magistri et sociorum, Gallus rętia sua et sagenam navi imponens, ad Willimarum presbiterum venit et, cum optulisset ei rętia, inter lacrimas et suspiria retexuit omnia, quę gesta fuerant circa fratres suos. Deinde infirmitatis suæ causas aperiens, rogavit eum, ut sui curam dignaretur habere.

Qui suscipiens eum cum omni caritatis obsequio, domum vicinam ęcclesiæ eius necessitati concessit et duobus clericis suis, | Magnoaldo et Theodoro, hanc sollicitudinem commendavit, ut cum omni diligentia eius recuperationi servirent. Exactis aliquot diebus, Domino, qui medicus est verus, medelam impertiente, cœpit sumere cibos et per incrementa temporum confortatus, perfectam indeptus est sanitatem. O [34]) infirmitatem omni humano robore fortiorem! o febrem omni laude colendam! o languorem sanitati et gaudiis asscribendum! Exemplo enim Domini pro nobis Gallus doluit, ut animarum morbos predicatione sacra depelleret. Ire cum magistro non potuit, ut nobis viam veritatis ostenderet. Vere patiens et misericors Dominus, in predicatoribus suis jam pridem contemptus, dum conversionem peccatorum sustinet, doctorem, ne errantes deserat, retinet. [35])

X. Insinuatio Hiltiboldi diaconi de loco solitarię habitationis, quam vir Domini desiderabat.

DIACONUS ITAQUE SEPE DICTI PRESBITERI, NOMINE Hiltiboldus, omnes heremi semitas^{d)} notas habebat et secessus. Solebat [36]) enim piscium et accipitrum causa capiendorum sepius solitudinem pervagari et secreta locorum usu cottidiano perdiscere. Huic cum vir sanctus familiaritatis suæ gratiam prestitisset, quęsivit ab eo, an invenisset

---

a) „dicit", Mabillon, l. c. — b) „abi" über dem Texte, B. — c) „discessus", Mabillon, l. c., p. 235. — d) „omnes semitas heremi", B.

[34]) Der Teil von hier bis zum Schlusse des Capitels weicht bedeutend von dem Vorbilde Walahfrids ab, der seinen Hang zur Detailmalerei bekundet. Vrgl. die Vita des Anonymus bei Meyer v. Knonau in den Mitt. XII, p. 14. — [35]) Das hier schliessende IX. Capitel entspricht dem X. der älteren Vita bei Meyer v. Knonau in den Mitt. l. c. — [36]) Diese begründende Angabe, betreffend die ausgezeichnete Ortskenntnis des Diaconus Hiltibold, findet sich noch nicht beim Anonymus. Vrgl. Mitt. l. c.

umquam in solitudine locum aquis abundantem puris et salubribus, planitiæ[a)] stratum et humanis cultibus oportunum. *Desiderio*, inquiens, *animi ferventis exęstuo, cupiens in solitudine dies ducere*[b)] *huic vitæ concessos, juxta quod psalmista pronuntiat, dicens: Ecce elongavi fugiens et mansi in solitudine. Expec| tabam eum, qui salvum me faceret*[c)] [37]) et reliqua. Diaconus respondit: *Hæc, o pater, solitudo aquis est infusa frequentibus, asperitate terribilis, montibus plena præcelsis, angustis vallibus flexuosa, bestiis possessa sęvissimis. Nam preter cervos et innocuorum greges animalium ursos gignit plurimos, apros innumerabiles, lupos numerum excedentes, rabie singulares. Timeo igitur, ne, si te illuc induxero, ab huiusmodi hostibus devoreris.* Ad hæc vir sanctus: *Apostoli,* inquit, *sententia est: Si Deus pro nobis, quis contra nos? Et scimus, quoniam diligentibus Deum omnia cooperantur in bonum*[38]). *Qui Danihelem liberavit de lacu leonum, potest et me eripere de manu bestiarum.* Cui diaconus[d)] respondit[39]): *Mitte in peram tuam cibaria et ręte parvissimum; cras enim introducam te in heremum. Et si inveneris locum tibi acceptabilem, age gratias Deo et præcepti Dominici comple rigorem. Deus autem, qui eduxit te de regione longinqua, ipse, sicut Tobię famulo suo comitem cęlitus dedit, ita angelum suum mittet*[e)] *nobiscum et ostendet*[f)] *nobis locum desideriis salutaribus aptum.* Igitur vir beatus die eodem jejunus permansit et usque ad alterius diei diluculum in orationibus pernoctavit. Dignum quippe erat, ut, quod divino inchoabat amore, instantissima prece Domino commendaret.[40])

XI. Quomodo cum diacono desertum penetrans, optatum repererit locum[g)] sibique prælegerit et obędientia ursi.

CUM[h)] AUTEM LUCIFER SUO PROCESSU NOCTIS LAtibula detexisset et sol, inferiora dimittens, cursu consueto superiores orbis plagas inviseret igneumque jubar ab o|rientis axe mortalibus demonstraret[41]),

a) „planitię" B, „planitie" C und Mabillon, l. c. — b) „ducere dies huic", Mabillon, l. c. — c) „fecit", B. — d) „hęc", B, D. — e) Über dem Texte „mittat", B. — f) Über dem Texte „ostendat", B. — g) „locum" fehlt, B. — h) „Dum", Mabillon, l. c.

37) Citat aus Ps. LIV (LV) 8 (u. 9), vom Vorbilde herübergenommen. Vrgl. Mitt. XII, pp. 14 u. 15. — 38) Römer VIII, 31 u. 28. — 39) Die Antwort des Diaconus hat Walahfrid nach seiner freien Weise verändert und erweitert. Vrgl. den Anonymus in den Mitt. XII, p. 15. — 40) Diesem Capitel entspricht in der älteren Vita bei Meyer v. Knonau das XI. Aber unsere Schlussworte sind mit dem Anfang des XII. Capitels zu vergleichen. Vrgl. Mitt. XII, pp. 14 u. 15. — 41) Das schmucklose «Facto igitur mane» des Anonymus hat hier Walahfrid in ein zierliches poetisches Gewand gebracht. Vrgl. Mitt. XII, p. 15.

athleta Dei ea, quę ductor suus dixerat, secum assumens, cum orationis benedictione, illo præeunte, viam aggressus est. Cumque per totum diem iter agerent, circa horam nonam dixit diaconus: *Pater, hora refectionis jam instat; sumamus paululum panis et aquæ, quia ita confortati, vię quod restat, melius consummare poterimus.* Homo Dei respondit: *Tu juxta necessitatem corporis refectionem percipe, fili; ego non gustabo quicquam, ante quam Dominus mihi locum desideratę mansionis ostendat.* Et ille: *Sicut,* inquit, *socii sumus passionis, sic erimus et consolationis*[42]). His dictis cęperunt iter agere festinato, quia dies jam declinabat et solaris fervor propinquabat[a]) occasui. Venerunt autem ad quendam fluviolum, qui Steinaha[b]) nominatur, ambulantesque per decursum ipsius, dum venissent ad rupem, de qua idem cum impetu descensit, gurgitem facit speciosum[c], viderunt ibi[d]) plurimos pisces et imponentes retia sua, cœperunt eos. Igni deinde succenso diaconus pisces assavit et panem posuit super peram. Beatus autem Gallus dum orandi gratia modicum ab illo divulsus esset, inter condensa veprium frutecta ambulans et pede hęrens, ad terram corruit. Quod diaconus videns, accurrit, ut sublevaret prostratum. Sed vir Dei prescius futurorum: *Sine me,* ait, *hæc requies mea in sęculum sęculi; hic habitabo, quoniam elegi eam*[43]). Et cum post orationem surrexisset, sumens virgam colurnam[e]), fecit crucem et fixit[f] in terram. Habebat autem pendentem collo capsellam, in qua continebantur reliquiæ beatæ Dei[g] genitricis Mariæ et sanctorum martyrum Mauricii et Desiderii. Quam cum in ipsa cruce suspendisset, vocavit diaconum et prostraverunt se pariter in orationem[h]). Tum vir venerabilis huiusmodi pręces emisit: *Domine Jesu Christe, qui pro salute humani generis de virgine nasci et mortem subire dignatus es, ne despicias desiderium meum pro peccatis meis, sed in honore sanctę genitricis tuę et martyrum confessorumque tuorum prępara in hoc loco habitationem tuis aptam servitiis*[44]). Finita oratione, sole occumbente finitus est dies et ipsi tandem cum gratiarum actione cibum sumpserunt rursumque Deo gratias exhibentes, straverunt

---

a) „appropinquabat", Mabillon, l. c. — b) „Steina", C, „Stemaha", Mabillon, l. c., „Petrosa", Anonymus, Mitt. XII, p. 15. — c) „spatiosum", Mabillon, l. c. — d) „ibi viderunt", Mabillon, l. c. — e) „colurneam", Mabillon, l. c. — f) „eam" über dem Texte, B. — g) „Dei" fehlt in C. — h) „in oratione", Mabillon, l. c.

42) Diese ausführliche Wechselrede findet sich noch nicht in der älteren Vita. Vrgl. Mitt. XII, l. c. — 43) Citat aus Ps. CXXXI, 14, wörtlich aus der älteren Vita herübergenommen. Vrgl. Mitt. XII, p. 16. — 44) Die Rede (Gebet) des h. Gallus erscheint im Vergleiche mit dem Vorbilde Walahfrids wesentlich verändert. Vrgl. Mitt. XII, l. c.

sibi[a)] in terra, ut aliquantulum requiescerent. Sed vir sanctus, cum comitem suum alto teneri sopore[b)] putaret, surgens, prostravit se in figuram crucis ante capsellam et preces Domino devotas effudit. Interea descendens ursus de monte, micas et fragmenta, quae convivantibus deciderunt[c)], caute legebat. Hoc factum ut vidit homo Dei, dixit ad feram: *Præcipio tibi, bestia, in nomine Domini, tolle lignum et mitte in ignem.* Ad cuius præceptum belua conversa, validissimum lignum attulit et igni injecit.

At vir benignissimus ad peram accedens, de parvo cellario panem integrum famulanti porrexit et accipienti ita præcepit: *In nomine Domini mei Jesu Christi ab hac valle discede et hoc pacto montes et colles circumpositos habeto communes, ut nullum hic hominem, nil | de pecoribus lędas.* (p. 19) Dum hæc agerentur, diaconus dormire[d)] se simulans, quod vir Deo carus gessit cum bestia, considerabat. Et surgens prostravit se ad pedes eius et dixit: *Nunc scio vere Dominum esse tecum, quoniam et bestiæ heremi obœdiunt tibi.* Ille autem dixit ei: *Cave, ne omnino[e)] hoc alicui dixeris, donec videas gloriam Dei.*[45])

XII. Ut dœmonum fantasmata, in specie mulierum ostensa, eodem loco sanctus pater depulerit.

NOCTE IGITUR EXACTA, CUM LUX AUREA SILVARUM illustraret opaca[46]), diaconus ait: *Pater mi, quid facturi sumus hodie?* At ille respondit: *Obsecro te, fili, ne moleste feras, quod dico. Quia Dominus nos fecit, quod quęsivimus, invenire, hunc etiam diem in hoc loco ducamus. Tolle retę et ad gurgitem vade. Ego quoque post te quantocius ibo. Forsan[f)] Dominus solitam nobis largitatem ostendet, ut regredientes ad castrum, offeramus patri nostro presbitero de hoc loco benedictionem, quam Dominus nos invenire donavit.* Diaconus respondit: *Gratum habeo, quod precipis, pater.* Et surgens cito cum invocatione nominis Domini, assumpto retiaculo, perrexit ad fluvium. Cumque illud in gurgitem mittere voluisset, duo dęmones in effigie mulierum steterunt in litore, ita nudati, quasi balneum intrare voluissent. Et cum turpitudinem sui corporis illi obicerent, tollentes lapides, jactaverunt contra eum et dixerunt: *Tu in-*

---

a) „se", Mabillon, l. c. — b) „somno", Mabillon, l. c. — c) „deciderant", Mabillon, l. c. — d) „dormire" am Rande, B. — e) „omnino ne", B. — f) „Forsitan", D.

45) Unser Capitel enthält fast das ganze XII. und ungefähr die ersten ⅔ des XIII. des Anonymus bei Meyer v. Knonau in den Mitt. XII, pp. 15, 16 u. 17. — 46) Schöne poetische Ausführung des einfachen «Mane autem facto» des Vorbildes. Vrgl. Mitt. XII, p. 17.

duxisti virum istum in hanc heremum, virum iniquum et invidia plenum, qui suis maleficiis semper nos vincere consuevit. Ille autem reversus ad virum Dei, indi | cavit illi, quæ viderat et audierat. Electus Dei bellator pariter cum diacono prostravit se et huiusmodi verbis Dominum deprecatus est: *Deus omnipotens, ineffabilis bonitas, inestimabilis majestas*[47]), *secundum misericordiam tuam, non secundum merita mea, auditu placido has suscipe præces. Jube hos dæmones hunc locum deserere, ut sit sanctificatus in honorem*[a]) *nominis tui.* Surgentes ab oratione, venerunt ad gurgitem et continuo dœmones in fugam conversi, ierunt per decursum fluvioli contra proximum montem. Sanctus vero Gallus dixit illis: *Precipio vobis, fantasmata, per immense potentiam trinitatis, ut, hunc locum deserentes, in montes desertos eatis et huc revertendi ulterius non habeatis fiduciam.* Deinde mittentes in gurgitem rete, cœperunt pisces, quantos[b] volebant. Et dum pisces de maculis lini absolvunt, audiunt in summitate montis voces quasi duarum mulierum defunctos plangentium et dicebant ad invicem: *Heu, quid faciemus, vel quo pergemus? Peregrinus hic inter homines nos habitare non sinit, in heremo quoque manere non patitur.* Non solum autem tunc hæ voces audite sunt, verum etiam postmodum tribus vicibus, dum ipse diaconus saltum ad capiendos accipitres intravisset, audivit demonia de quodam monte, qui Himilinberc dicitur, clamantia et, utrum adhuc Gallus esset in heremo, sciscitantia, vel si jam discessisset.[48])

XIII. Loci ipsius electio et serpentium discessio.

IGITUR POST DISCESSUM DEMONUM, DUM FIDELES ILLI heremi dilectores vallem lustrarent, videntes inter duos flu | violos multa desiderabilia, silvam speciosam, montes per girum[49]), planiciem in medio, probaverunt locum ad ædificandum cellam[c] optimum esse. Et recordatus vir sanctus sententiæ, quam Jacob post visionem scale et angelorum

---

a) „in honore", D und Mabillon, l. c. — b) „quantum", C. — c) „cellulam", Mabillon, l. c.

[47]) Diese Worte von «Deus — majestas» hat Walahfrid hinzugefügt. Vrgl. den Anonymus in den Mitt. XII, p. 18. — [48]) Der Schluss unseres Capitels deckt sich genau mit dem Ende des XIV. der älteren Vita bei Meyer v. Knonau in den Mitt. XII, l. c. Aber Walahfrid schliesst hier auch die kleinere II. Hälfte des XIII. Capitels des Anonymus ein. Vrgl. Mitt. XII, p. 17. — [49]) Die «montes per girum» finden sich noch nicht beim Anonymus. Vrgl. Mitt. XII, p. 18.

ascendentium et[a)] descendentium per eam protulit, dixit[b)]: *Vere Dominus est in loco isto*[50]). Erat autem usque ad illud tempus in eadem valle plurima serpentium multitudo. Porro ex illa die tam pleniter abscesserunt, ut postea ibi non comparerent. Congruit hoc miraculum cum prioribus.
5 Nam diabolo inde expulso, dignum erat, ut animal, per quod hominem deceperat, habitationi cęderet sanctitatis.[51])

XIIII. Qualiter locum eundem jejunio dedicaverit et, ad castrum regressus, mortem episcopi cognoverit.

CUMQUE[c)] REVERSI FUISSENT AD LOCUM PRIMÆ STA-
10 TIonis, ubi pridem vir Dei cruciculam defixerat, diaconus dixit ad eum: *Sumentes peram et rete, regrediamur ad castrum.* Et ille: *Tu,* inquit, *fili, ut placet, ad propria revertere; ego vero his in locis aliquantisper moratus, post triduum Deo*[d)] *duce te subsequar*[e)]. Diaconus dixit: *Nequaquam te absente remeabo ad patrem nostrum, ne forte dicat*[f)], *te propter spolia a*
15 *me interemptum, vel, si homicidium negare voluero, hæc mihi obiciat: Cur illum dimisisti in solitudine? cito reversus, educ eum ad me. Et erunt mihi*[g)] *duo pariter, labor*[h)] *duplicatus et manifesta confusio.* Ad hæc vir sanctus respondit: *Vade, fili; ego post vestigia tua quantocius properabo*[52]). Quo abeunte athleta Dei toto triduo ab omni victus adjumento corporei
20 jejunus permansit, ut videlicet locum, quem spiritali militiæ providebat, par|simoniæ[i)] consecraret initiis. Quarto itaque die heremo digrediens, (p. 22) domum revisit presbiteri[53]) et inter amicę salutationis officia gratias Deo

---

a) „ascendentium et" am Rande, B. — b) „dicens", Mabillon, l. c. — c) „Dumque", Mabillon, l. c. — d) „Domino", Mabillon, l. c. — e) „subsequor", B. — f) „dicas", Mabillon, l. c. — g) „mihi" am Rande, B. — h) „et labor", Mabillon, l. c. — i) „parcimoniæ", Mabillon, l. c.

50) Walahfrid weist durch die unmittelbar vorhergegangene Angabe des Traumes Jakobs von der Himmelsleiter bestimmter auf die Genesis XXVIII, 16, hin, der dieses Citat entnommen ist, als die ältere Vita. Vrgl. Mitt. XII, p. 19. — 51) Während der Anonymus sich begnügt, einfach das Wunder mit den Schlangen zu verzeichnen, knüpft die jüngere Vita noch die Betrachtung und Auslegung daran, welche von »Congruit« bis zum Schlusse des Capitels zu lesen ist. Dagegen übergeht Walahfrid die Angabe in seiner Quelle, betreffend die wachsende Macht und Ausbreitung des Christentums. Vrgl. Mitt. l. c. Unser Capitel enthält nur den einleitenden Teil des entsprechenden XV. der älteren Vita bei Meyer v. Knonau in den Mitt. XII, pp. 18 u. 19. — 52) Man beachte hier die für Walahfrids ausführende Hand besonders charakteristische Stelle und zwar von »ne forte dicat, te propter spolia a me interemptum« an. Vrgl. damit beim Anonymus die wenigen Worte: »Se non ausurum videre faciem hospitis eorum sine illius presentia« in den Mitt. XII, p. 19. — 53) Willimarus in Arbon.

pro omnibus bonis, quæ ei ostendit, cum debita laude persolvit. Presbiter autem, suscipiens illum cum gaudio, jussit mensam apponi. Et cum consedissent, benedicentes Deum, cum gratiarum actione cibum sumpserunt, et inter prandendum diaconus[a)] dicit presbitero: *Si ursus adesset, fortassis*[b)] *Gallus porrexisset illi benedictionem.* Interrogantique, unde huiusmodi verba proferret, narravit omnia, quæ gesta erant in heremo. Ex illo die et deinceps habuerunt eum sicut prophetam et virum sanctum, cottidie meritorum eius magnitudinem per vitę illius asperitatem et virtutum studia metientes. Interea illis commanentibus, nuntius venit ad presbiterum, indicans, Constantiensem episcopum, Gaudentium nomine, de hac vita migrasse. Hoc audito, unanimo fervore pro requie defuncti pastoris præcibus et lacrimis institerunt.[54)]

XV. Quomodo ad ducem cum presbitero sit evocatus et illuc ire nolens, Rhetiam commearit et a Johanne diacono susceptus sit.

SEPTIMA POSTHÆC DIE GUNZONIS DUCIS EPISTOLA VENIT ad presbiterum, præcipientis[c)] illi, ut die[55)] duodecimo ad Iburningas[56)] villam veniret et virum Dei secum adduceret. Nam filiam eius, nomine Fridiburgam, quæ illi erat unica, singulari pulchritudine fulgens, spiritus invasit malignus. A quo dum diversis torqueretur molestiis, pene continuam toleravit inediam et sepius terræ prostrata, inter spumas[d)] horribiles miserabili volutabatur insania, adeo ut vix quatuor virorum teneri posset instantia. Post triginta autem dierum circulum, ex quo | ei hoc accidit, cœpit ille habitator malignus per eam diras emittere voces. Hanc ob causam pater eius nuntios misit ad regem Sigibertum, Theoderici filium, qui eam habuit desponsatam, ut ei nuntiarent, quicquid circa puellam agebatur. Rex vero cum omni festinatione misit duos pontifices, de quorum meritis potissimum præsumebat, cum donis regiis ad puellam,

---

a) „diaconus" am Rande, B. — b) „forsitan", B. — c) „præcipiens", Mabillon, l. c. — d) „spinas", B.

54) Dieses Capitel umfasst den grössten Teil des XV. und den Eingang des XVI. Capitels der älteren Vita bei Meyer v. Knonau in den Mitt. XII, pp. 18 u. 19. — 55) Die ältere Vita hat dafür den interessanten Ausdruck «super duodecim noctes» und bietet also noch die altgermanische (altindogermanische) Zeitrechnung nach Nächten anstatt Tagen. Vrgl. Mitt. XII, p. 20 mit Anm. 83. Vrgl. Dr. O. Schrader «Die älteste Zeitteilung der indogermanischen Völker», Berlin 1878. — 56) Das jetzige Überlingen.

ut eam medicamine orationum a furoris vesani languore sanarent. Igitur Willimarus presbiter, volens tempore per epistolam definito ad ducem venire, dixit beatissimo Gallo: *Scis ducis mandatum? eamus ad illum.* Et ille: *Tuum est,* inquit, *hoc iter, non meum. Tu ergo proficiscere. Quid mihi cum principibus sęculi? Nam in heremum, unde exivi, revertar.* — *Noli,* ait, *ita agere, sed perge mecum, ne forte dux, qui in vexatione filiæ nimium contristatur, ira commotus, mittat satellites teque vinctum illuc faciat perduci.* Vir Deo plenus respondit: *Vadam prius ad cellulam meam, ut provideam utilitatem et necessaria fratrum, qui ibi sunt Domino servituri.* Hoc idcirco dixit, ne ad principem iret. Et consurgens, ad electæ pridem habitationis locum miles Domini tendebat egregius. Sequenti die fratribus, qui secum erant, interdixit, ne quis illorum[a)] cuipiam, quo pergeret, indicaret. Sed etsi curiosius interrogati fuissent a quoquam, jussit, ut eum per epistolam magistri sui[57)] Italiam[b)] dicerent invitatum. His dictis sumens secum duos de discipulis suis, per solitudinem Rhetiam Curiensem commeavit. Cumque proximum montem transcenderent, venerunt in hęremum, quæ Sennia[58)] nominatur indeque ad proximum vicum, qui dicitur Quadravades[c)][59)], digressi, repererunt ibi Johannem diaconum, virum justum et Deum timentem, isque recepit eos hospitio et omni fovit humanitatis obsequio. Finxerunt enim, se de longe tunc venisse[d)] et apud eum manserunt septem diebus.[60)]

XVI. Qualiter, misso post virum Dei presbitero, episcopi a rege directi, filiam ducis liberare non valentes, ad regem cum confusione redierint, confesso dęmone beati Galli virtutem.

PORRO CUM SEPE DICTUS PRESBITER, HOSPES SANCTORUM, audisset virum Dei de cellula discessisse, navem conscendens, ad ducem transfretavit et, quæ circa hominem Dei facta fuerant, indicavit. Dux vero, ut cito reverteretur, illi imperavit et, missis post virum Dei legatis, eum advenire devote rogaret. Et adiciens: *Si enim,* inquit, *per*

---

a) „eorum", Mabillon, l. c. — b) „ad Italiam", Mabillon, l. c. — c) „Quaradaves", C, D und Mabillon, l. c. — d) „venisse tunc", B.

57) Der h. Columbanus. — 58) Sennwald, heute ein Dorf im Rheintal am Fuss des hohen Kasten. — 59) Eine der vielen verschiedenen Bezeichnungen für das Dorf Grabs im Rheintal. — 60) Diesem Capitel entsprechen, abgesehen vom Eingang, das XVI. und ungefähr die ersten zwei Drittel des XVII. des Anonymus bei Meyer v. Knonau in den Mitt. XII, pp. 20—22.

eius orationes filiam meam Dominus a dęmonio liberaverit, dabo illi pontificatum Constantiensis ęcclesiæ et insuper eum copiosis præmiorum muneribus honorabo. Ille promittens, se, ut jubebatur[a], acturum, sicubi eum, qui desiderabatur, invenire potuisset, ratem petens, ad propria remeavit. Interea pontifices, a rege transmissi, venerunt et invenerunt ipsam[b] quidem puellam nimio laborantem furore, parentes autem eius omnemque familiam et propinquos flentes super eam et miserabili merore depressos. Tota enim domus una clade contabuit. Puella vexabatur insania, cæteri torquebantur tristitia[61]). Postquam ergo ingressi pontifices munera, a rege directa, præsentarunt, præces in conspectu puellæ fuderunt ad Dominum. | Illa vero tenentium manibus se excutiens, uni[c] eorum gladium abstulit, volens episcopos interficere et, cum id non posset efficere, spiritus immundus uni eorum dixit: *Si volueras me, sicut regi promisisti, de hoc vasculo propulsare*[d], *cur filiam tuam, quam nonna illa de te concepit et genuit, non fecisti tecum venire?* Deinde ad alterum: *Et tu*, inquit, *cum tribus feminis fornicationem commisisti. Vestro quidem imperio, quod nullo sanctitatis merito roboratur, numquam egrediar. Est vero quidam vir, magnæ apud Deum*[e] *virtutis, nomine Gallus, qui me de Tucconia, ubi diu optata quiete potitus sum, potenter ejecit domosque meas audenter destruxit; postmodum inveniens*[f] *me apud Brigantium commorantem, eadem virtute exheredavit. Porro, quia eum dux iste*[g] *de eodem expulit loco*[h], *in ultionem eius injurię puellam istam arripui; de qua possessione, nisi ipse advenerit, nullatenus amovebor.* Unus deinde pontificum dedit furenti alapam, dicens: *Obmutesce satanas*[i], *desertor veritatis, falsitatis amator et auctor.* Putavit enim, eum de gallinatio dicere gallo. Et dum spiritus nequam pluribus eos verborum injuriis affecisset, manserunt ibi tribus tantum diebus ac deinde ad sua reversi, nuntiaverunt omnia, quæ gesta fuerant, regi.[62])

---

a) „videbatur", B. — b) „ipsam invenerunt", B. — c) „vi", Mabillon, l. c., p. 239. — d) „pulsare", B. — e) „omnipotentem Deum", Mabillon, l. c. — f) „veniens", B. — g) „quia dux iste eum", C, D und Mabillon, l. c. — h) „eodem loco expulit", B. — i) „satana", Mabillon, l. c.

61) Man vergleiche die ausführende Hand Walahfrids bei der Schilderung der tiefen Trauer des unglücklichen Hauses mit den wenigen Worten «ingens tristitia parentum agebatur» der älteren Vita in den Mitt. XII, p. 23. — 62) Dieses Capitel deckt sich mit dem XVIII. in der Vita des Anonymus bei Meyer v. Knonau, umfasst aber ausserdem auch noch einen kleinen Teil des dortigen XVII. Capitels. Vrgl. Mitt. XII, pp. 22 u. 23.

XVII. Ut vir Dei, per presbiterum revocatus[a], ad ducem venerit.

PRESBITER VERO CUM SECUNDUM JUSSIONEM DUCIS virum Dei fuisset e vestigio persecutus, reperit eum in spelunca, animum suum lectionis consolatione pascentem. Et accedens, salutavit[b] humiliter et dixit ad eum: *Ne timeas, serve Dei, ad ducem ve ̣nire. Sub testificatione* (p. 26) *enim jurisjurandi promisit, se nullam tibi irrogaturum injuriam. Sed et cum posueris manum tuam super caput puellæ, si*[c] *ab ea per orationes tuas spiritus immundus abscesserit, in sede Constantiensi pontificatus te sublimabit honore.* Dum de huiuscemodi colloquium rebus haberent, superveniens Johannes diaconus, secundum consuetudinem optulit ei panes azimos et lagunculam vini, oleum et butyrum et mel in vasculis cum piscibus assis. Vir Dei cum eum venire cognovisset, gratias egit Deo, gaudio plenus discubueruntque tres convivę fidissimi et cum gratiarum actione dona Domini perceperunt. Inter hæc vir sanctus presbitero: *Duc*, ait, *nobiscum noctem instantem et crastina die tecum Domino volente proficiscar.* Cumque huic consensum persuasioni pręebuisset, ad virum Dei diaconus dixit: *Mane primo diluculo huc veniam et adducam mulum meum stratum, ut simul ire possitis. Ego vero cultor ero spelunçę et eam cura diligenti custodiam.* Sanctus Gallus respondit: *Bene dixisti, fili, et ego quidem via, qua veneram*[d], *per heremum regrediar ad cellulam meam et visitabo fratres; postmodum vero, quam citissime potuero, ad castrum*[63] *properabo.* Presbiter vero[e] adjuratione valida constrinxit eum, ut nequaquam faceret contraria dictis. Et abscesserunt pariter. Johannes quoque accepta benedictione rediit in domum suam. Cumque vir beatus recto itinere pervenisset ad cellulam, requievit ibi nocte illa cum fratribus. Mane autem sequenti, sump ̣tis secum duobus fratribus, perrexit ad (p. 27) castrum reperitque inibi cum presbitero ducis missum, qui eos cum omni festinatione ire deposceret; qui etiam indicavit, puellam continuato jam triduo sine alimonia perdurare. At illi, navicula conscensa, totis nisibus ire festinantes, ligno natatili profundi terga sulcante, nocte proxima pervenerunt ad ducem.[64])

---

a) „revocatus" fehlt bei Mabillon, l. c. — b) Über dem Texte „illum", B. — c) „et", Mabillon, l. c. — d) „venerunt", Mabillon, l. c., p. 240. — e) „ergo", C, D.

63) Arbon. — 64) Dies Capitel entspricht dem XIX. des Anonymus bei Meyer v. Knonau; nur dass die Schlussworte »At illi navicula conscensa« etc. in den Anfang des XX. daselbst hinübergreifen. Vrgl. Mitt. XII, p. 24.

XVIII. Qualiter oratione et verbo filiam ducis a dœmone liberavit[a].

CUMQUE[b] DEVICTIS PROFUNDÆ NOCTIS TENEBRIS sol terris cum jocunditate serenum restitueret diem, jussit eos dux venire in cubiculum, in quo arreptitia servabatur. Jacebat autem tunc in sinu matris suæ, oculis clausis, ore hianti. Membra quoque eius ita erant disjecta, ut quasi mortua videretur. Fœtor vero tam gravis oris prorupit ex adito, ut sulphure locus ipse aspersus putaretur. Pater itaque cum domesticis suis intravit, ut videret, quid vir Dei esset acturus. Ille de Domini largitate certissimus, humiliter se prosternens, has præces Domino cum lacrimis fudit: *Domine Jesu Christe, qui pro salute humani generis carnem sumere et per virginem nasci dignatus es; qui ventis et mari imperasti, diabolum etiam, calliditatis suæ fraudibus insistentem, retro ire jussisti, quique passione tua mundum redimere et libertati restituere dignatus es, jube, hunc immundissimum spiritum de puella hac pro tui gloria nominis exire, ut plasma tuum superbus invasor deserat et tibi creatori suo creatura tua gaudens deserviat.* Et cum surrexisset ab oratione, apprehensa dextera eius, allevavit eam — spiritus enim malignus conturbaverat illam — et imposita manu super caput eius, dixit: *Impero tibi in nomine Domini nostri Jesu Christi, spiritus immunde, ut exeas et recedas ab hoc plasmate Dei.* Et cum hæc dixisset, aperiens illa oculos, respexit in eum et spiritus malignus his verbis eum allocutus est: *Tune es,* ait, *Gallus, qui de habitationibus me expulisti prioribus? Ego plane ob ultionem injuriæ, quam dux iste tibi et sociis tuis irrogavit, filiam ipsius invasi et sic eicis me? Si hinc exiero, quo vadam? Illuc,* ait, *ubi tibi paratur in abysso supplicium sempiternum a Domino.* Et statim videntibus, qui aderant, exivit de ore puellæ quasi avis nigerrima et horrore terribilis. Hora eadem sana surrexit et a viro Dei gaudens gaudenti reddita est[c] matri. [66])

---

a) „liberarit", B; „liberaverit", Mabillon, l. c. Diese Inhaltangabe von Capitel XVIII ist in C irrtümlicher Weise zu der Inhaltsangabe von Capitel XVII gezogen worden. Infolge davon zählen von hier an die Capitelzahlen bei allen Inhaltsangaben in C eine Einheit zu wenig und stimmen nicht mit den Capitelzahlen im Texte. — b) „Dumque", Mabillon, l. c. — c) „est", über dem Text aus zweiter Hand, fehlt in B.

65) Abgesehen von dem einleitenden Satze, entspricht dieses Capitel genau dem XX. der älteren Vita bei Meyer v. Knonau in den Mitt. XII, pp. 24 u. 25.

XVIIII. Qui ratione oblatum episcopatus honorem respuerit et, quomodo pauperibus dona ducis distribuens[a], discipulum ad elemosinam hortatus sit.

HIS ITA PATRATIS, DUX JUSSIT EI OFFERRI DONA, quæ rex puellæ transmiserat et insuper, ut apicem pontificalis gradus[b] dignaretur assumere, postulavit. Ad quod vir beatus ita respondit: *Vivente domino et patre meo Columbano, interdictum altaris officium non usurpabo, nisi ab illo permissus. Quare huius regiminis pondus, quod offers, subire non possum. Quod si hoc indubitanter fieri cupis, sustine interim, donec mittam ępistolam ad abbatem meum, ad insinuandam illi voluntatem tuam. Et si eius permissum cognovero, tunc demum oblatum curæ pastoralis onus suscipiam.*[66]) Et dux ad illum: *Bene*, inquit, *dixisti, fiat secundum verbum tuum.* | Et dimisit eum cum pace. Ille sumptis, quæ donata fuerant, remigando pelagus superavit. Dux autem sanctitatis eius tam manifesto compunctus inditio, jussit Arbonensi præfecto, ut cum omni plebis officio iret ad locum cellæ et, quæcumque necessitas poposcisset ædificia, juxta viri Dei dispositionem construeret. Venerabilis ergo pater post celeuma celebratum cum Arbonense castrum intraret, fecit convenire omnes pauperes et egenos et dona, quæ detulerat, illis distribuit. Hæc videns quidam discipulus eius, nomine Magnoaldus, dixit ad eum: *Pater, habeo vas argenteum pręciosum, cælaturis insigne. Si vis, reservabo illud, ut sacri vasa ministerii ex eo faciamus.* Ille respondit: *Fili, memor sententiæ beati Petri apostoli, quam paralitico speranti pecuniam protulit: Argentum, inquiens, et aurum non est mihi —, ne contrarius exemplo inveniaris salubri, vas, quod possides, pauperibus conferre curato. Nam præceptor meus, beatissimus Columbanus, in vasis æneis Domino solet sacrificium offerre salutis, quia fertur et salvator noster clavis æneis*[c] *cruci*[d] *confixus.*[67]) His omnibus expletis, reversus est ad dilectę solitudinis aulam.[68])

---

a) „distribuerit", Mabillon, l. c., p. 241. — b) „pontificatus", Mabillon, l. c. — c) „ęreis", C. — d) „esse" über dem Texte, B.

66) Vrgl. die inhaltlich entsprechende, aber formell (stilistisch) wesentlich abweichende Antwort des h. Gallus in der Vita des Anonymus bei Meyer v. Knonau in den Mitt. XII, pp. 25 u. 26. — 67) Mit den Worten «ne contrarius — salubri» und «Nam præceptor — confixus» hat Meyer v. Knonau die Lücke im Codex der älteren Vita ausgefüllt, während von Arx dieselbe mit Stillschweigen übergangen hatte. Vrgl. Mitt. XII, p. 27 mit Anm. 103. — 68) Walahfrid zeigt hier — was seltener geschieht — eine Kürzung seiner Quelle, da der durch die Worte «nec non — exercuit» ausgedrückte Gottesdienst daselbst bei ihm nicht erwähnt ist. Vrgl. Mitt. XII, p. 27. Capitel XXI des Anonymus bei Meyer v. Knonau entspricht genau unserem XIX.

XX. Quo caritatis fervore Johannem diaconum literis evocatum instituerit.

DEINDE MISIT EPISTOLAM AD JOHANNEM DIACOnum a), rogans eum ad se venire. Qui cum dilecti magistri literas accepisset, tulit, quod pro benedictione offerre poterat et venit ad eum. Et oblatis eulogiis salutavit patrem et salutatione paterna est honoratus. Cui interroganti virum | sanctum de prosperitate itineris eius, ille respondit: *Divina nos præveniente misericordia et subsequente, cuncta prospere provenerunt. Nam cum summa gratulatione suscepit nos princeps et eripuit Deus filiam eius a demonio et ipse dedit nobis dona non modica et insuper optulit mihi episcopatus honorem; ego vero* b) *non consensi suscipere ante preceptum abbatis mei. Ergo, fili, adquiesce consiliis meis; esto mecum et lege divinæ libros* c) *scientiæ et docebo te, cooperante gratia Dei, intelligentiam scripturarum.* Cecidit autem diaconus ad pedes eius, gratias agens, fecitque redire in sua pueros, qui secum venerunt; ipse vero remansit apud virum venerabilem. Et ille cœpit eum introducere in cellaria scripturarum, ostendens ei novi et veteris occulta thesauri d). Superna itaque illustratus clementia, tanti magisterii profecit instantia, adeo ut in omni scripturæ divinæ latitudine nobiliter eruditus, laboris paterni fructus ostenderit. 69)

XXI. Quibus verbis e) ducis filia, vitam beati Galli et virtutes enarrans, Sigiberti regis illi gratiam et solatia f) impetraverit.

SIGIBERTUS IGITUR REX CUM AUDISSET PUELLÆ redditam sanitatem, mandavit patri eius, ut eam suis conspectibus exhiberet. Qui sumens dona ingentia et puerorum multitudinem ac puellarum, cum magno suorum comitatu duxit eam usque ad Rhenum; indeque per comites ad regem transmisit. A quo dum gratanter suscepta fuisset, interrogata g), quomodo suæ remedium consecuta esset infirmitatis, cum per pontifices, ad hoc missos, sanitati non posset restitui, hanc reddi | dit rationem: *Domine mi,* inquiens, *est vir quidam in provincia, quam huc ducta reliqui, cuiusdam incola solitudinis de gente Scottorum, nomine*

---

a) „diaconem", Mabillon, l. c. — b) „hunc" über dem Texte, B. — c) „libros divine", B. — d) „testamenti", Mabillon, l. c. — e) „verbis" fehlt, B. — f) „solatium", Mabillon, l. c. — g) „et interrogata", Mabillon, l. c., p. 242.

69) Dies Capitel deckt sich genau mit dem XXII. der ältern Vita bei Meyer v. Knonau in den Mitt. XII, pp. 27 u. 28.

Gallus, tantæ apud Deum virtutis et meriti, ut adversus dæmones singulari quadam utatur potentia. Nam cum ego, ancilla tua, gravi vexatoris instantia periculosum vitæ nutantis finem pene subirem, rogante patre meo, idem vir Dei supervenit et, signo vexilli salutaris me muniens, im-
5 *periosa voce jussit exire tyrannum. Et videntibus cunctis, qui aderant, exivit de ore meo*[a]*) quasi corvus colore piceus, horrore tartareus. Cumque sacrificii cælestis me pabulo confirmaret, pristinæ restituta sum sanitati.* His ita relatis, puella procidens ad pedes regis: *Obsecro*, ait, *Domine, ut virum ipsum tuæ gratiæ foveas lenitate et pro me dignas illi gratiarum*
10 *actiones rependere non graveris.* Interrogavit autem eam, in qua heremo vir mansitaret eximius. Et illa respondit: *In saltu, qui Arbonensi territorio adjacet et est publici possessio juris; situs autem*[b]*) inter Alpes Rhetiarum et Brigantini marginem lacus.* Rex igitur, ut audivit in publicis eum commorari possessionibus, jussit fieri conscriptionem firmi-
15 tatis, ut vir sanctus locum, quem incolebat, per auctoritatem regiam optineret. Auri quoque libras duas et argenti pondo totidem cum epistola concessionis jamdictę per suos nuntios viro Dei destinavit, se sacris orationibus eius[c]) commendans attentius, Gunzoni autem duci præcipiens, ut, si so|litudinis incola vellet[d]), solatiorum ei copiam ad ædificandam (p. 32)
20 cellam sumministraret.[70])

XXII. Quo consilio eadem puella thalamos regis evadens, divine se subdiderit servituti.

NON MULTIS IN MEDIO REVOLUTIS DIEBUS, VOLENS rex idem puellam suis thalamis sociare, celebri edicto sacerdotum et
25 principum suorum senatum nuptiarum præcepit adesse sollemniis. Cumque, stipatus agmine procerum, introisset, ubi ipsa manebat, dixit illi: *Ascendamus in palatium, nam nuptiæ paratæ sunt. Sacerdotes et capita populorum cum benedictionibus congruis advenerunt.*[71]) Quibus illa auditis

---

a) „meo ore“, Mabillon, l. c. — b) „est“ über dem Texte, B. — c) „eius orationibus“, Mabillon, . c. — d) „esse vellet“, Mabillon, l. c.

70) Unser Capitel entspricht dem XXIII. des Anonymus bei Meyer v. Knonau in den Mitt. XII, pp. 28 u. 29. — 71) Wesentliche Ausführung der entsprechenden Zeilen des Vorbildes durch Walahfrids Hand. Man beachte insbesondere dessen Worte «sacerdotum et principum suorum senatum» gegenüber dem Ausdruck «turba principum» und dessen Satz «Ascendamus — advenerunt» im Vergleiche mit «Qui cum jussisset virginem domum introduci» seiner Quelle. Vrgl. Mitt. XII, p. 30.

cecidit ad pedes eius, dicens: *Mi Domine, quia preterita passio suo me pondere tabefecit, vires absorbuit valitudo contraria, membrorum officia ægritudine sunt resoluta; da mihi vel septem dierum inducias, ut aliquatenus virium detrimenta recuperem et sic tuis possim applicari conspectibus.* Quam petitionem dum rex pie susciperet, ad palatium remeavit, illa in privato commorante cubiculo. Fiebat autem utroque in loco ingens apparatus lætitiæ, admirantibus multis, cur tamdiu divisi, convivio distulissent conubia. Transactis interea septem diebus, circa matutinum officium puella cum duobus viris totidemque puellis ęcclesiam beati Stephani[72]) protomartyris introivit et secedens post januas templi, exuit se vestimentis regalibus et habitum propositi sanctioris assumpsit, nescientibus hoc viris, qui pariter cum illa advenerunt[a]). Deposito ergo terrenę dignitatis amictu, sanctimoniæ nitorem cum quodam sui secuta contemptu, accessit|ad altare et, in faciem proruens, Dominum studiosius adoravit ac deinde, cum se erigeret, cornu comprehendit altaris et huiuscemodi voces emisit: *Beate Stephane, qui sanguine tuo testimonium Christo perhibuisti, deprecationem meam tuis meritis Domino commendato, ut tua intercessione hodie cor domini mei regis convertat secundum voluntatem meam, ne velamen, quod amore Dei suscepi, auferat de capite meo.* Viri ergo, qui erant cum illa, hæc videntes, venerunt ad regem et nuntiaverunt ei, quæ facta fuerant[b]). Et ille advocans sacerdotes et quosdam principes suos, cœpit inquirere ab eis, quid super hac re faciendum censerent. Cyprianus Arelatensis regi respondit: *Quia, ut liquido claret, puella hæc, cum a dęmonio erueretur, hoc se voto, quod perfecisse videtur, constrinxit, cavendum tibi est, ne forte, si irritum feceris votum eius, redivivo dęmonum comprimatur incursu et sint illi novissima peiora prioribus, tu vero tanti criminis reatum incurras.* Rex ergo justitiæ tenax et timore Domini plenus, huic consilio devotę mentis pandit assensum et ingressus ęcclesiam fecit afferri vestem nuptiis præparatam et coronam sponsę nitoribus imponendam. His allatis, dum puellam ad se jussisset accedere, sponsa Dei jam agni comitatibus hęrens, avelli non potuit ab altari, quia[c]) se timebat de ęcclesia protrahendam. Cumque constantius[d]) arę cornibus

---

a) „advenerant", Mabillon, l. c. — b) „fuerunt", Mabillon, l. c. — c) „quę", B. — d) „instantius", D und Mabillon, l. c., p. 243.

72) »Stephani«, Patron der Kathedrale von Metz, an die man hier zu denken hat, fügte Walahfrid hinzu, sowie auch die unmittelbar vorhergehende Erwähnung der Begleitung der Braut »cum duobus viris totidemque puellis«. Vrgl. Mitt. l. c.

inhęreret, rex eam, ne timeret, ammonuit: *Hodie,* inquiens, *per omnia tuæ voluntatis videbis effectum.* Porro illa, inter spem et metum po|sita, caput super altare reclinans: *Ecce,* ait, *ancilla Domini; fiat mihi secundum vo-*
*luntatem eius.*⁷³) Rex vero jussit sacerdotibus, ut elevarent eam et ad se
5 perducerent. Quo facto, induta est, illo jubente, veste regali et sacro velamine coronata. Intuitus autem eam rex religiosus, dixit illi: *Ecce meis te nuptiis pręparatam, sponsi celestis Domini nostri videlicet Jesu Christi credo*ᵃ⁾ *complexibus,* et dexteram eius comprehendens, posuit in altari. Deinde ęcclesiæ limen excedens, lacrimis absconditum patefecit amorem.
10 Post hæc vocavit eam et juxta se fecit in palatio residere et donis ingentibus honoratam prętulit monasterio ancillarum Dei, quod in honore beati Petri, principis apostolorum, constructum est in Mettensium civitate, ubi gesta sunt universa, quæ proxima narratione retulimus. In his autem omnibus perficiendis secuta est puella consilium beatissimi Galli, qui eam,
15 Domino auxiliante, a dęmonio liberavit.⁷⁴)

XXIII. Quantum ex viri Dei doctrina et exemplis supradictus Johannes triennio profecerit.

PER IDEM TEMPUS JOHANNES DIACONUS, PERSEverans apud venerandum patrem, prudentiam, quæ in eo cęlitus abundabat, studio
20 sitienti potavit, in absolutione dumtaxat difficilium scripturæ divinæ questionum et intemeratę fidei ratione. Operis quoque cottidiani, quod idem ęgregius apostolicæ districtionis imitator sedula accelerabatᵇ⁾ instantia, non solum dilexit scientiam, verum etiam comprehendit. Gratia enim illustratus divina, quicquid vel visu vel auditu percepit, altæ memoriæ
25 et, ut ita dixerim, arma|rio cordis cęler inseruit et sub huius magisterii disciplina cum omni mansuetudinis et humilitatis custodia triennium duxit.⁷⁵)

---

a) „cedo", Mabillon, l. c. — b) „accelaravit", B.

73) Vrgl. Luk. I, 38. — 74) In diesem grossen Capitel sind das XXIV. und XXV. der ältern Vita bei Meyer v. Knonau enthalten. Vrgl. Mitt. XII, pp. 30—32. — 75) Diesem kleinen Capitel entspricht circa die erste Hälfte des XXVI. des Anonymus bei Meyer v. Knonau in den Mitt. XII, p. 32.

XXIIII. Quomodo beatus Gallus[a] ab episcopali se promotione excusaverit in concilio principali.

POST HÆC DUX[76]) SEPE JAM DICTUS PER EPISTOLAM suam virum Dei rogavit, ut ad Constantiam oppidum perveniret ad eligendum, qui eidem sedi preficeretur, antistitem. Advocavit autem Augustidunensem et Veridunensem[77]) episcopos cum multitudine clericorum. Nemidone etiam, quæ a modernis Spira[78]) vocatur, venire fecit episcopum; necnon per nuntios et epistolas suas totius Alamanniæ presbiteros, diaconos universasque clericorum copias generaliter die denominata, id est, proxima paschę dominica[79]), apud Constantiam convenire præcepit; ipse quoque cum principibus[b] et comitibus suis huic intererat conventui. Cumque hæc synodus tantæ multitudinis celebraretur accessu et trium spatio denuntiaretur futura dierum, beatissimus Gallus, divino plenus consilio, assumptis Johanne et Magnoaldo diaconatus officio sublimatis, perrexit ad oppidum, ingressoque eo locum concilii, dux huiusmodi verba profudit: *Deus omnipotens, cuius providentia totum corpus ęcclesię augmentatur et regitur, per interventionem et meritum beatę Mariæ semper virginis, in cuius honore locus iste*[80]) *consecratus est, effundat hodie super nos spiritum sanctum ad eligendum pontificem, qui ad regendam plebem fidelium sit idoneus et ad gubernandam*[c] *ęcclesiam Dei pastorali sit diligentia plenus.* Ammonuit deinde pontifices et omnem clerum, ut juxta saluberrima canonum decreta rectorem ęcclesiæ providerent. Cœperunt autem omnes clerici ad invicem dicere: *Gallus iste testimonium habet bonum ab omnibus, qui eius vitam noverunt. In scripturis divinis scientiæ culmen optinuit*[d] *et in omni vitæ honestate sapientiæ luce refulget, justitiæ autem vitæ castitatem corporis sociavit*[e]*, mansuetudinem cum humilitate possedit*[f]*, continentiæ vero salutari patientiam junxit*[g]*. Largitor est elemosinarum, orfanorum pater, in viduarum solatiis alacer. Hunc omnium virtutum sectatorem decet esse pastorem populorum.* His auditis, dux dixit ad illum: *Audis, quid isti locuntur et affirmant.*

---

a) „Gallus" fehlt, B. — b) „suis", B. — c) „gubernandum ecclesiam", Mabillon, l. c., p. 244. — d) „obtinet", Mabillon, l. c. — e) „sociat", Mabillon, l. c. — f) „possidet", Mabillon, l. c. — g) „jungit", Mabillon, l. c.

76) Gunzo. — 77) «Veridunensem» (episcopum) findet man erst bei Walahfrid neben «Augustudensem præsulem» des Anonymus genannt. Vrgl. Mitt. XII, p. 33. — 78) Speier. — 79) Auch von diesem Termin der Synode weiss die ältere Vita noch nichts. Vrgl. Mitt. l. c. Vrgl. Meyer v. Knonau in den Mitt. XII, Einl. p. XV. — 80) Kathedrale von Constanz.

Sanctus pater respondit: *Bene quidam dicunt. Utinam verum esset, quod fatentur! Cum autem invicem*[a] *talia tractant, nesciunt, in canonibus esse prohibitum, ne aliqui, de locis suis commigrantes, aliis facile ordinentur in locis. Est vero*[b] *mecum diaconus quidam, nomine Johannes, vicinorum indigena locorum*[81]*), cui merito testimonium, quod isti mihi dederunt, potest aptari. Hunc divino credens electum judicio, vobis offero promovendum.*[82])

XXV. Promotio et consecratio Johannis supradicti et cura, quam postmodum sibi invicem exhibuerit[c].

CUMQUE HAC ATTESTATIONE VIR SANCTISSIMUS in Johannem cunctorum concitaret amorem, neque enim aliud credere poterant de illo[d], quam quod vir Deo carus asseruit[83]), dux diaconum venire fecit in medium. *Tu es,* inquiens, *Johannes diaconus?* Et respondit: *Ego plane. Unde,* ait, *ducis propaginem generis?* Et dixit: *In Rhetia*[e] *Curiensi mediocri natalium dignitate sum procreatus.* Dux vero ad illum: *Potesne,* inquit, *pontificalis infulæ pondus subire?* Tunc venerabilis Gallus se pro filio responsurum promisit. Et dum hæc mutuo sermonum commertio pertractarent, subtraxit se diaconus et fugiens latibulum quæsivit in ęcclesia sancti Stephani martyris, quæ est extra oppidum. Secuti sunt autem[f] sacerdotes cum plebe et apprehensum, lacrimis perfusum felicibus, licet renitentem in præsentiam pontificum pertraxerunt et ducis[g]; et levaverunt omnes pariter vocem, dicentes: *Johannem elegit sibi Dominus pontificem hodie.* Et respondit omnis populus: *Amen.* Episcopi itaque duxerunt eum ad altare et sollemni benedictionis officio ordinaverunt antistitem, consummatoque sacræ promotionis ministerio, rogaverunt eum sacrificii salutaris cælebrare mysteria. Præmissis ergo ex more divinę libationis initiis, post lectionem evangelii rogavere[h] venerabilem Gallum, ut multitudini, quæ aderat, verbi officio sacræ instructionis pabula[i] ministraret. Qui, assumpto Johanne episcopo, gradum ascendit, eo videlicet

---

a) „adinvicem", Mabillon, l. c. — b) „autem", B. — c) „sibi exhibuerunt", Mabillon, l. c. — d) „de illo credere poterant", B, D. — e) „Rhretia", A. — f) „eum" über dem Texte, B. — g) „et ducis" fehlt, B. — h) „rogaverunt", Mabillon, l. c. — i) „pabulum", Mabillon, l. c.

81) Aus Rätien. Vrgl. die Anm. 131 zu den Worten »de plebe vestra» der ältern Vita bei Meyer v. Knonau in den Mitt. XII, p. 34. — 82) Walahfrid vereinigt in diesem Capitel die zweite Hälfte des XXVI. und fast das ganze XXVII. der anonymen Vita bei Meyer v. Knonau in den Mitt. XII, pp. 32—35. — 83) Die einleitenden Worte dieses Capitels zeigen die ausführende Hand Walahfrids. Vrgl. Mitt. XII, p. 35.

pacto, ut ipse quidem ædificationis instrumenta colligeret, episcopus vero ad utilitatem barbarorum bene prolata interpretando transfunderet.[84]) Cœpit igitur[a]) verbum facere de initio creaturarum et Adę peccatum, pro quo depulsus est paradyso[b]), commemorare. Transiens inde ad diluvium, patriarcharum consequenter tempora perstrinxit et actus. Egressum quoque filiorum Israhel de Ægypto et transitum per mare rubrum legisque lationem per Moysen et cęlestis alimenti miracula replicavit. Regum deinde successiones et tempora prophetarum breviter attingens, adventus dominici tempus retexuit. Baptismum etiam salvatoris et mirabilium eius gloriam commemorans, crucis ignominiam cum impiis insectationum generibus veraci relatione subjunxit. Hæc audientes ęcclesiæ pastores, cum populi multitudine lacrimas fuderunt uberrimas et ad invicem dixerunt: *Vere spiritus sanctus locutus est hodie per os viri istius.* Ille vero prædicationem perduxit usque ad resurrectionem Christi et in commemoratione generalis judicii terminavit. Omnes ergo, qui aderant, alacri mentis exultatione repleti, benedicebant Dominum et ad sua cum gaudio remeabant. Doctor itaque venerabilis, manens apud Johannem episcopum septem diebus, inter multa salutiferę consolationis verba hæc sepius inculcavit: *Quem Deus elegit, homo non despiciet; sed erit omnium veneratione sublimis, quem divinum commendat judicium.* Deinde accepta ab eo[c]) benedictione, reversus est ad cellulam[d]) suam. Episcopus autem jussit his, qui rebus episcopii pręerant, ut ad virum Dei cum sibi subjectis[e]) venirent et eius obtemperarent jussioni. Post hæc tanto studio caritas mutua servabatur utrimque, ut spiritalis glutino clientelæ semper sibi[f]) coherentes, solo corpore viderentur divisi. Magister paterna sollicitudine, præcibus et consilio salutari mathiten[g]) refovebat; ille vero paterno honore et omni necessitatum subsidio didascolum[h]) sublevabat. Sicque sacra piorum so cietas aucto crescebat honore et multiplicato commendabatur amore[i]).[85])

---

a) „ergo", Mabillon, l. c. — b) „de paradiso", Mabillon, l. c. — c) „ab eo" fehlt, D. — d) „cellam", B. — e) „subjectis" über dem Texte, D. — f) „sibi semper", C. — g) „matheten", Mabillon, l. c., p. 245. — h) „didascalum", C und Mabillon, l. c. — i) „honore", B.

[84]) Vrgl. über die auffällige Angabe, dass der neugewählte Bischof Johannes die Rede des h. Gallus, der doch selbst der alamannischen Sprache völlig mächtig war, übersetzte, Meyer v. Knonau in den Mitt. XII, p. 35, Anm. 134. — [85]) Der Schluss des Capitels, welcher die innige Freundschaft der beiden Glaubensboten schildert, ist eine schöne Erweiterung der älteren Vita. Vrgl. Mitt. XII, p. 37. Dieses Capitel umfasst das Ende des XXVII., das ganze XXVIII. und den Anfang des XXVIIII. des Anonymus bei Meyer v. Knonau in den Mitt. XII, pp. 35—37.

XXVI. Ut transitum beati Columbani sanctus Gallus, sicut prius per visionem cognoverat, ita post discipuli legationem factum[a)] compererit[b)].

TEMPORE SUBSEQUENTI CŒPIT VIRTUTUM CULTOR eximius oratorium construere, mansiunculis per girum dispositis ad commanendum fratribus, quorum jam duodecim monastici sanctitate propositi roboratos doctrina et exemplis ad æternorum desideria concitavit. Quadam itaque die, dum post laborem matutinalis officii quiescendi gratia lectos suos reviserent, primo diluculo vir Dei vocavit Magnoaldum diaconum suum, dicens illi: *Instrue sacræ oblationis ministerium, ut possim divina sine dilatione celebrare mysteria*[c)]. Et ille: *Num*, inquit, *tu pater, missam cęlebrabis?* Dixit ergo ad illum: *Post huius vigilias noctis cognovi per visionem dominum et patrem meum Columbanum de huius vitę angustiis hodie ad paradysi gaudia commigrasse*[86]). *Pro eius itaque requie sacrificium salutis debeo immolare.* Et signo pulsato, oratorium ingressi, prostraverunt se in orationem et cœperunt missas agere et præcibus insistere pro commemoratione beati Columbani. Finito sacræ devotionis officio, venerabilis Gallus dixit ad Magnoaldum diaconum: *Fili, non tibi grave videatur petitionis meę pondus, sed arripe viam et Italiam petito, pertransiensque usque ad monasterium, quod Bobium*[87]) *nominatur, diligenter perquirito, quid actum sit circa abbatem meum. Nota ergo diem et horam, ut, si eum compereris esse defunctum, possis agnoscere, utrum visio mea veritatis fulciatur effectu. Hæc ergo omnia sollicita investigatione perdiscens, regressus nuntiabis mihi.* Diaconus ad pedes eius[d)] provolutus, ignotum sibi iter esse conquestus est. Sed vir benedictus[e)] voce blanda eum, ne timeret, admonuit: *Perge*, inquiens, *et Dominus diriget gressus tuos.* Hac consolatione roboratus, pii doctoris alumnus præcepto paruit et accepto benedictionis viatico viam festinanter aggressus est. Cumque pervenisset ad monasterium, ut volebat, invenit omnia ita contigisse, sicut patri suo per visionem fuerant revelata. Mansit autem ibi nocte una[f)] et accepit a fratribus ępistolam ad beatum Gallum,

---

a) „factam", Mabillon, l. c. — b) „comperit", Mabillon, l. c. — c) Aus „misteria" berichtigt; möglicherweise von erster Hand. — d) „eius" über einem offenbar irrtümlichen, wohl aus der missverstandenen Abkürzung für „magistri" entstandenen „mihi", A; „eius magistri", D; „magistri" ohne „eius", B, C und Mabillon, l. c. — e) „beatus", Mabillon, l. c. — f) „una nocte", B, C, D und Mabillon, l. c.

86) Das einfache «migrasse» in der älteren Vita hat Walahfrid wieder schön ausgeführt. Vrgl. Mitt. XII, p. 37. — 87) Jetzt Bobbio, das in der Provinz Pavia liegt. Vrgl. Meyer v. Knonau in den Mitt. XII, p. 38, Anm. 142.

continentem venerandi transitum Columbani. Qui et baculum ipsius, quem vulgo cambotam [88]) vocant, per manum diaconi transmiserunt, dicentes, sanctum abbatem ante transitum suum jussisse, ut per hoc notissimum pignus Gallus absolveretur. Dimissus autem ab illis, iter acceleravit et prospere in omnibus agens, die octava pervenit ad dominum suum et patrem, ferens epistolam relationis et absolutionis indicium. Lecta epistola, sanctus Gallus carissimi patris amorem pleno retinens corde, lacrimas profudit uberrimas et collectis fratribus causas meroris aperuit. Deinde tanti patris memoriam precibus sacris et sacrificiis salutaribus frequentarunt. [89])

XXVII. Miraculum tabulę incremento monstratum.

CONTIGIT [90]) AUTEM QUADAM DIE, DUM IN CONSTRUENdo oratorio cum fratribus laboraret, ut tabula quædam, parieti imponenda, brevior ceteris mensura palmorum quatuor appareret. Quam dum eiusdem operis artifices vellent abicere, beatus Gallus virtutis, quam in Domino habebat, sibi conscius, jussit eos ab opere disjungi [a]) et domum ad percipiendam secum refectionem, quam Dominus præparavit, intrare. Quibus secundum jussionem eius facientibus benedictum panem manu sua porrexit. Post prandium autem, cum omnes pariter opus repeterent inperfectum, invenerunt tabulam, quam propter sui brevitatem pridem abicere voluerunt, ceteris omnibus longiorem mensura dimidii pedis; et ammiratione de eo, quod evenerat, habita, lignum, quod mirabili creverat modo, in loco suo parieti aptaverunt. Quod ipsum, longo deinceps tempore a fidelibus expetitum, Domino faciente, dentium doloribus efficaciter medebatur, preter antiqui commemorationem miraculi novis semper effectibus honorandum. In quo facto meritorum eius magnitudinem et orationis possumus pensare virtutem, quia et lignum aridum contra naturam incrementis auctum est et, ne vetus aboleretur [b]) miraculum, rediviva signorum attestatione semper est repetitum. [91])

---

a) Aus „disjungere" durch Rasur berichtigt, A; „se disjungere", B; „opere disjungere", C, D. — b) „aboletur", B.

[88]) Vrgl. über diesen Stab Columbans Meyer v. Knonau in den Mitt. l. c. — [89]) Unser Capitel enthält den grössten Teil des XXVIIII. und deckt sich ausserdem genau mit dem Schlusse des XXX. der anonymen Vita bei Meyer v. Knonau in den Mitt. XII, pp. 37—39. — [90]) So fängt auch das entsprechende Capitel der älteren Vita bei Meyer v. Knonau an in den Mitt. XII, p. 39. Man beachte, dass Walahfrid hier bei der Ausführlichkeit seiner Quelle die Erzählung des Wunders nicht zu erweitern brauchte. — [91]) Das vorstehende Capitel deckt sich genau mit dem XXXI. des Anonymus bei Meyer v. Knonau l. c.

XXVIII. Qua ratione fratribus Luxovio venientibus satisfecerit et quam mirabili eos doni cęlestis ubertate refoverit.

POST HÆC ABBA MONASTERII, QUOD LUXOVIum dicitur, nomine Eustasius, quem bonæ memoriæ Columbanus eidem loco præfecit, ab huius exilio vitæ ad supernam patriam commigravit. Fratres ergo, in eodem cœno|bio constituti, consilium inierunt, ut venerabilem Gallum revocarent et eius regimini se subdendo contraderent. Miserunt itaque sex fratres ex his, qui ab Hibernia venerunt, qui epistolam ferrent, continentem causas eiusdem legationis. Igitur illi recto itinere cum ad viri Dei[a] cellam pervenissent, nuntiati advenisse, ducti sunt ad orationem. Qua expleta, domum ingressi, porrexerunt epistolam. Quam ut vir sanctus perlegit, dixit illis: *Ego quidem, o fratres, verba prophetæ cupiens imitari, dicentis: Extraneus factus sum fratribus meis et peregrinus filiis matris meę*[92]), *deserui notos meos et propinquos et, ut liberius Domino possem vacare, solitudinis elegi secreta; utque parentum et prædiorum dimissionem preteream, episcopatus honorem et divitias mundi suscipere non consensi. Et quo pacto post hanc renuntiationem et voluntariam paupertatem sęculi implicabor negotiis, exaltabor*[b]) *honoribus, ponderibus aggravabor? Absit, inquam, ut, qui manum in aratrum misi, oculos ad relicta torqueam*[c] [93]) *et sicut canis revertar ad vomitum. Scitis ipsi, me, inter vos positum, humilitati semper dedisse operam et subjectioni. Et quomodo creditis, ad tanti culminis me provocari posse fastigium? Innovate consilia, aliorsum vos vertite; mihi, quod animo semel infixum est, Dominus immutari*[d]) *non sinet.*[94]) His et similibus verbis animos eorum ab spe impetrationis huius amovit. Vocavit deinde unum e fratribus et eum[e] interrogavit, quid|essent tempore refectionis sumpturi. Cumque responsum esset, tantummodo sextarium farinæ ad usum haberi cunctorum, jussit fieri panes, dicens: *Potens est Dominus parare mensam in deserto.* Et cum fecisset holera colligi, ipse sumens rete et unum ex discipulis suis, cum fratribus, qui supervenerant, ivit ad gurgitem, dicens: *Videamus, utrum misericors Dominus aliquos nostris velit necessitatibus largiri pisciculos.* Cumque pervenissent ad gurgitem, viderunt piscem magnum in aquæ collectione natantem,

---

a) „Dei" fehlt, D. — b) „negotiis, exaltabor" über dem Texte, D. — c) „retorqueam", C, D und Mabillon, l. c., p. 246. — d) „immutare", Mabillon, l. c. — e) „eum" über dem Texte, B.

92) Ps. LXVIII (LXVIIII), 9. — 93) Luk. IX, 62. — 94) In dieser angeführten Rede des h. Gallus hat Walahfrid seine Quelle wesentlich erweitert. Vrgl. Mitt. XII, p. 41.

duosque illum insequi lutros, quasi capere fugientem volentes. Immisso reti, captum eum traxerunt ad litus. Habebat autem in longitudine palmos XII et in latitudine IIII.[95]) Quo facto lutri se profundis immergunt. Imposito rursum reti, cum piscatores sancti piscium latebras pulsando inquietarent, iterato lutri apparuerunt, piscium tantam multitudinem propellentes in rẹtẹ, ut id sua pluralitate per loca disrumperent. Præda itaque ad litus perducta, vir discretione plenissimus quosdam pisces, adjuvantibus qui aderant, rursus in aquam projecit et fratribus dixit: *Hodie propter adventum vestrum mirabilem suæ largitatis evidentiam Dominus manifestare dignatus est.* Illi econtra[a)] meritis ipsius[b)], quod factum fuerat, imputantes, eo alacriter præeunte, domum redierunt. Et ecce juxta introitum cellulæ vir unus apparuit, ferens duos utres vino plenos et ternos farinæ modios ob suæ devotionis indicium. Quibus cum gratiarum actione susceptis, | cibum sumpserunt et post corporis refectionem spiritalis colloquii dapibus animas suas pascere studuerunt. Detinuit autem eos beatus Gallus[c)] aliquantis secum diebus et caritatis intuitu omni humanitatis fovit obsequio. Narravit quoque de communi patre, beato videlicet Columbano, quod certa relatione didicerat. Deinde osculo pacis oblato, dimisit eos et illi, benedictione tanti patris armati, ad sua remearunt.[96])

XXVIIII. Quomodo sanctissimus pater inter ẹdificationis studia apud Arbonam migrarit ad dominum.

NEC MULTO POST, CUM JAM BONORUM OMNIUM auctor et propagator athletam suum, de mundi agone sublatum, præmiorum laureis vellet perennibus adornare, Willimarus presbiter, veniens ad cellam sancti viri[d)], rogavit eum, ut secum egrederetur ad castrum. Et ut optineret, quod voluit, huiusmodi voce flebili quẹrimoniam[e)] summissus explicuit: *Cur,* inquiens, *o pater, me, qui tuorum monitis dictorum innitor, quasi despectum dereliquisti et doctrinẹ tuẹ salutaribus institutis auditorem*

---

a) „econtrario", B. — b) „cius", Mabillon, l. c., p. 247. — c) „Gallus" fehlt, B. — d) „viri sancti", B, C, D und Mabillon, l. c. — e) Aus „querem-" berichtigt; möglicherweise von erster Hand.

95) Der Anonymus fügt hier noch bei: «cum ibi nisi brevis pisciculus antea umquam captus est». Vrgl. Mitt. l. c. — 96) Walahfrid hat — was selten geschieht — hier sein Vorbild gekürzt, d. h. circa die zweite Hälfte von Capitel XXXIIII des Anonymus bei Meyer v. Knonau übergangen. Vrgl. Mitt. XII, p. 42. In diesem Capitel sind das XXXII., XXXIII. und circa die erste Hälfte des XXXIIII. der anonymen Vita bei Meyer v. Knonau enthalten. Vrgl. Mitt. XII, pp. 40—42.

*fraudasti benivolum? Cui hanc abjectionem*a) *asscribere possum*b)*, nisi peccatorum meorum fœtoribus? Nisi enim vita mea tuo displiceret judicio, amabili me ædificationis tuæ non privares solatio. Nunc ergo noli nos pro peccatis nostris abicere, sed Domini provocatus mandatis, viam veritatis desiderantibus aperi et solitæ nobis benignitatis munus impende.*97) Motus igitur hoc supplicantis alloquio pietatis amator, descendit cum illo et venerunt ad castrum c). Vocata autem multitudine in die sollemni, sanctus vird) prædicationis|dulcedine avidoreme) corda refecit et tantaf), quæ dixerat, sapientiæ luce vestivit, ut summa omnium gratulatione auditus et plena cunctorum veneratione sit honoratus. Biduo itaque ibidem ducto, tertia die febre correptus, tantum in brevi eius violentia depressus est, ut nec ad cellam redire, nec cibi sustentaculum potuisset percipere.98) Cumque hac infirmitate per dies quatuordecim laborasset, die sextodecimo mensis Octobris, id est XVII kalendas Novembresg), expletis nonaginta quinque annis suæ ætatis, in senectute bona, huius vitę liberatus ergastulo, animam meritis plenam felicibush) reddidit bonis inhęsuram perennibus.99)

XXX. Ut funeri eius Johannes episcopus interfuerit et quemadmodum cognoverit non ibi eum debere recondi.

CUM IGITUR AUDISSET JOHANNES, CONSTANtiensis ęcclesiæ præsul, beatum Gallum apud Arbonam infirmari, ascendens naviculam, potuum et ciborum ea secum genera tulit, quæ infirmitate laboranti noverat congruere, ut videlicet sua visitatione fidissimumi) refoveret amicum. Cumque portui propinquaret, audivit in domo presbiteri planctum magnum circa funus viri Dei celebrari et interrogavit, quæ causa

---

a) „objectionem", Mabillon, l. c. — b) „possim", Mabillon, l. c. — c) „in castrum", Mabillon, l. c. — d) „vir sanctus", B, C, D und Mabillon, l. c. — e) „auditorum" am Rande, Mabillon, l. c. — f) Über dem Texte „omnia", B. — g) Durch übergesetztes „i" in „Novembris" geändert; wie es scheint von erster Hand. — h) Über dem Texte „domino", B. — i) „fidelissimum", Mabillon, l. c., p. 248.

97) Diese angeführte Rede des Willimarus, womit er in den h. Gallus dringt, einmal nach Arbon zu kommen, erscheint im Vergleiche mit derjenigen in der älteren Vita erheblich verändert und erweitert. Vrgl. Mitt. XII, p. 43. — 98) Was der Anonymus hierauf bis zum Schluss des XXXVI. Capitels bei Meyer v. Knonau noch folgen lässt: die Krankheit und der bald eintretende Tod des h. Gallus sei eine diesen verherrlichende göttliche Fügung gewesen, dies hat Walahfrid übergangen. Vrgl. Mitt. XII, p. 44. — 99) Auch die zweite Hälfte des XXXVII. Capitels der anonymen Vita bei Meyer v. Knonau in den Mitt. XII, p. 45, worin namentlich auf die folgende Erzählung der Wunder nach dem Tode des Heiligen hingewiesen wird, findet sich nicht bei Walahfrid. Unser Capitel umfasst das XXXV., XXXVI. und XXXVII. der älteren Vita bei Meyer v. Knonau in den Mitt. XII, pp. 43—45.

esset tanti^{a)} ploratus. Audiens autem Gallum venerabilem, firmissimum suæ familiaritatis custodem, de huius sæculi emigrasse periculis, misit se in aquam; neque enim poterat propter nimium dolorem sustinere, donec navicula litus attingeret, descendensque cum his, qui secum venerant, (p. 46) intravit domum^{b)} presbiteri, lugubri voce et corporis gestu ǀ merorem cordis insinuans. Invenit autem corpus viri sancti jam^{c)} involutum et in loculo repositum; aperiensque sarcofagum et exanime amici cadaver inspiciens, amariores cum hac voce lacrimas dedit: *Heu, heu, pater amate, heu, doctor egregie, cur me, de domo patris eductum, in his periculis quasi orfanum dimisisti*^{d)} *et confidentiam meam, qua de tuis consiliis plurimum præsumebam, immatura morte rupisti? Tibi quidem in perceptione*^{e)} *præmii, quod tam ardenter desiderabas, hæc tua mors est fructuosa; nobis autem in tot mundialium perturbationum procellis laborantibus multipliciter est luctuosa. Sed qui de vitæ*^{f)} *corporalis interruptione dolemus, de animæ immortalis libertate gaudere debemus, certi, quia orationibus non desinas adjuvare, quos consilio et exemplis roborare consueveras*¹⁰⁰). Inter hæc verba presbiter eum, ut surgeret, monuit et^{g)} pro requie defuncti ambitiosius Dominum præcaretur. Intraverunt itaque ęcclesiam et episcopus pro carissimo salutares hostias immolavit amico. Finito autem fraternæ commemorationis obsequio, respiciens post tergum, vidit fossam, in qua sanctum corpus humare volebant. Acceptaque cruce et his quæ exequiis exhibentur, intraverunt domum, volentes thesaurum præciosi corporis ad locum sepulchri deducere. Cumque arcam, qua claudebatur cadaver, feretro impositum, ad fossam sepulturæ conarentur (p. 47) deferre, nullis viribus usquam potuit commoveri. Quod novi genus miraculi dum mutuis mirando colloquiis retractarent, Johannes episcopus dixit: *In veritate cognosco, hanc sepulchri sedem*^{h)} *patri meo Gallo non placere.* Et jussit presbytero, ut duos equos inveniretⁱ⁾ indomitos et faceret introduci. Quod cum factum esset, straverunt eos cum magno labore et ad locum, ubi corpus jacebat, duxerunt et episcopus cum clero huiuscemodi^{k)} orationem dedit: *Deus, qui per potentiam majestatis tuæ ubique*

---

a) „quæ esset causa tanti", B; „quæ tanti esset causa", C und D. — b) „in domum". Mabillon, l. c. — c) „jam" fehlt, Mabillon, l. c. — d) „dereliquisti", darüber „dimisisti", B. — e) „perceptionem", Mabillon, l. c. — f) „tue" über dem Texte, B. — g) „ut", Mabillon, l. c. — h) „sedem sepulcri", B. — i) „inveniret" fehlt, B. — k) „huiusmodi", Mabillon, l. c.

100) Die ausführende Hand Walahfrids zeigt sich wieder in dieser angeführten Klage des Bischofs von Constanz vor der Leiche des h. Gallus im Vergleiche mit dem Anonymus in den Mitt. XII, p. 47.

totus es, pro cuius amore vir iste reliquit patriam suam, ut præcepta tua conservaret, fac corpus eius ab his equis indomitis ferri in locum, quem tua voluntas meritis ipsius prævidit. Cumque finita esset oratio, cuncti, qui aderant, *amen* responderunt.[101])

5 XXXI. Debilis, per vestimentorum sancti viri munus acceptum, sanatus.

CONGRUUM VIDETUR IN HOC LOCO RETEXERE MIRAculum, quod Dominus inter sui confessoris exequias exhibere dignatus est, quo liquido cunctis ostenderet, servum suum secum[a)] veraciter tunc vivere, dum carnis huius carcere liberatur. Erat ibi quidam mendicus [102]) tanta per omnes membrorum juncturas debilitate contractus, ut penitus inter alias suæ infirmitatis molestias incessu pedum careret. Huic, dum presbiter indumenta viri Dei distribueret pauperibus, caligas eius cum calciamentis dedit. Statimque debilis pro accepto munere, summo repletus gaudio, ut sacras cruribus et plantis aptavit exuvias, per omnes artuum compages repente solutus est; et exiliens, voce clamavit ingenti et gratias egit Domino et beato[b)] Gallo, per|cuius merita redditam sibi videbat salutem[c)]. Videns autem episcopus et cuncti, qui aderant, sanitatis huius miraculum, unanimiter glorificarunt[d)] Deum atque dixerunt: *Manifesta virtute dignatus est dominus hodie gloriam servi sui nobis ostendere.* Dederunt itaque ei, qui sanatus fuerat, cereum et prosecutus est funus cum cetero populo. Hoc primum signum post transitum eius dominus[e)] ad memoriam illius declaravit.[103])

XXXII. Signa mortificationis eius post transitum[f)] deprehensa.

25 INTER EASDEM QUOQUE BEATI PASTORIS EXSEQUIAS aliud non mediocre sanctitatis eius indicium apparuit. Habuit vir Dei capsellam de corio factam, diligenter seratam, cuius clavem sub tam

---

a) „secum" über dem Texte, B. — b) „beato" fehlt, Mabillon, l. c., p. 249. — c) „sanitatem", Mabillon, l. c. — d) „glorificaverunt", B, D und Mabillon, l. c. — e) „dominus" über dem Texte, D. — f) „obitum", Mabillon, l. c.

101) Dieses Capitel fasst in sich nicht nur das XXXVIII., sondern auch noch circa die erste Hälfte des XXXVIIII. in der älteren Vita bei Meyer v. Knonau in den Mitt. XII, pp. 46—48. — 102) Vrgl. damit »paraliticum quendam nomine Maurus« beim Anonymus in den Mitt. XII, p. 48. — 103) Diesem Capitel entspricht die zweite Hälfte des XXXVIIII. in der älteren Vita bei Meyer v. Knonau in den Mitt. l. c.

vigili custodia ipse retinuit, ut nullus discipulorum eius, quamdiu in corpore[a)] vixerat[b)], quid intus servaretur, cognoscere potuisset. Hanc autem ex suis humeris pendentem ferre solebat, quocumque ambulavit. At ubi de hac vita migravit, sumpta clave aperuerunt capsellam et invenerunt in ea cilicium modicum et catenam æream sanguine aspersam. Deinde corpus inspicientes magistri, invenerunt locum catenæ, ubi sepius præcingi solebat, carnemque ipsam in locis quatuor profundius catena sulcatam, adeo ut de eisdem vulneribus cruor decurrens, cilicium per loca perfuderit[104]). Posuerunt autem capsellam cum cilicio ad caput eius in feretrum et deportaverunt cum corpore ad locum monumenti et suspenderunt hæc tria mortificationis eius indicia juxta tumulum ad caput eius; per quæ deinceps ad ostensionem meritorum ipsius, plurimas Dominus virtutes pie quærentibus exhibuit. Qua ex re intellegere possumus, quia idem vir, etsi a persecutore sanguinis effusione non est immolatus, semetipsum tamen offerens Domino, hostiam vivam in hodorem suavitatis et crucem suam tollens cottidieque salvatorem secutus, martyrii laborem et palmam confessor adeptus est.[105])

XXXIII. Quomodo ab equis indomitis ad locum sepulturæ corpus[c)] eius delatum sit.

POSTQUAM[106)] SANCTITAS VENERANDI PATRIS ET MIRACULI magnitudine et horum manifestatione signorum cunctis, qui funeris eius intererant negotiis, patenter ostensa est, episcopus ad feretrum accessit et ex una parte illud sublevans, presbitero altrinsecus sustollente, equis superposuit et asstantibus dixit: *Auferte frenos[d)] de capitibus eorum, ut libertate concessa, quo Dominus voluerit, pergant.* Accepta ergo cruce et candelis, psalmos et melodias concinentes, iter agere cœperunt. Equi

---

a) „in corpore" über dem Texte von zweiter Hand. — b) „vixerat in corpore", B; „vixit", Mabillon, l. c. — c) „corpus" fehlt, Mabillon, l. c. — d) „frena", D.

104) Der Anonymus, der offenbar grosses Gewicht auf die Wunder legt, fügt hier noch verallgemeinernd hinzu: «Sed si in minimis vis majora pensare, innumeris cruciatibus se sanctum Dei diu adflixisse poteris tractare». Vrgl. Mitt. XII, p. 50. — 105) Walahfrid, der in seinem auf einer verloren gegangenen Schrift des Diaconus Gozbert über die Wunder des heiligen Gallus hauptsächlich beruhenden Wunderbericht grundsätzlich die Angabe der Zeugen ausschloss, hat auch hier die in der älteren Vita genannten Namen: Meginaldus und Theodorus übergangen. Vrgl. Mitt. l. c. und Einl. pp. XXII u. XXIII. Dieses Capitel fehlt an dieser Stelle in der anonymen Vita; vrgl. Mitt. XII, p. 48, aber es folgt in Capitel XLI daselbst. — 106) Walahfridische Einleitung dieses Capitels. Vrgl. Mitt. l. c.

autem in neutram partem declinantes, recto itinere perrexerunt ad cellam viri Dei. Quo cum pervenissent, depositum est feretrum ante oratorium. Discipuli autem eius, elevantes pii doctoris reliquias, intulerunt et ante altare posuerunt. Deinde pariter cum episcopo orationem pro illo facientes, fecerunt fossam sepulchri inter parietem et altare, ibique precibus huic rei congruentibus præmissis, sepelierunt eum; omnibusque rite consummatis, multitudo, quæ ad tanti viri concurrit exequias, episcopi benedictione communita ad propria remeavit.[107])

XXXIIII. Miraculum in cereis ostensum et conclusio libelli.

DUM BEATI CORPORIS THESAURUM FELIX LOcus in pace[a)] suscepisset, volens Dominus de morte famuli sui me | rentibus consolationis præbere medelam, novitate miraculi patefecit, qua[b)] apud se claritate spiritus fulgeret amici[108]). Nam duo cerei in castro, dum corpus eius elevaretur, accensi, ita ardentes delati sunt usque ad locum sepulturæ. Positi autem unus ad caput, alter ad pedes, per triginta deinceps dies, mirabile dictu, non deficiendo ardebant et ardendo non deficiebant. Et ut monstraretur has durandi vires cęre liquenti cęlitus attributas, de huius miraculi materia plurimæ in posterum virtutes emanarunt. Nam quicumque dentium fatigati doloribus, vel oculorum lippitudine vel aurium præclusione laborantes, de eisdem cęreis quippiam cęre tulerunt et locis, quæ huiusmodi tenebantur incommodis, aptaverunt, optatę[c)] celeriter dona percepere salutis. Post hæc tanta virtus ad sanandos variis infirmitatibus depressos apud sepulchrum beati viri cunctis illuc venientibus et orationum eius suffragia fideliter postulantibus apparuit, ut et fama tanti meriti cunctis, quæ circumpositæ erant[d)], regionibus innotesceret et locus ipse non mediocriter frequentaretur a populis.[109])

---

a) „intra se", Mabillon, l. c. — b) „quia", C. — c) „optata", B. — d) „sunt", B.

[107]) Circa die erste Hälfte des XL. Capitels in der älteren Vita entspricht unserem Capitel. Vrgl. Meyer v. Knonau in den Mitt. XII, pp. 48 u. 49. — [108]) Walahfridische Einleitung dieses Capitels. Vrgl. Mitt. XII, p. 49. — [109]) Unserem Capitel entspricht die zweite Hälfte des XL. des Anonymus bei Meyer v. Knonau in den Mitt. XII, p. 49.

Quia igitur, o beatissimi patres, vita et virtutes sancti Galli, si in unum conpingantur librum, possunt ob sui prolixitatem aliquod ingerere legenti[a)] fastidium [110]), statui duobus hoc opus libellis distinguere, ut prior illorum vitam eius et actus usque ad sepulturam illius veridica relatione perducat, sequens mirabilia, quæ postmodum pro meritis eius Dominus ostendit, primo videlicet ea, quæ priorum ad nos scripto perlata sunt, retexat; deinde quæ a probatissimis testibus indicata, nostra ætate a Gozperto, carissimo patre[b)], litteris sunt mandata, subnectat[111]), ne, quod particulatim scriptum est, laciniosa divisione disjungatur, sed potius, quod junctum est parilitate factorum, sit etiam copulatum comprehensione dictorum. Atque hic prioris libelli finis, quæ præmissa sunt, terminet et sequenti, quæ restant, sine præjudicio comprehendenda reservet.

EXPLICIT PRIOR LIBER DE VITA ET TRANSITU SANCTI GALLI CONFESSORIS CHRISTI.[c)]

(Mit der Überschrift: HÆC HABENTUR IN SEQUENTI LI-BELLO — in rot — folgen hier in Codex A auf Seite 51 Mitte bis Seite 53 Mitte nacheinander die Inhaltsangaben der einzelnen Capitel des zweiten Buches, welche wir diesen auch wieder jeweilen voraussetzen.)

---

a) „legenti ingerere", Mabillon, l. c. — b) „fratre", C, D. — c) Diese Schlussworte des ersten Buches fehlen bei Mabillon. Vrgl. Mabillon, l. c., p. 250.

[110]) Diese Bemerkung zeigt auch, wie sehr die stilistische Umarbeitung der einfachen anonymen Vita durch den sprachgewandten Walahfrid für das an eine gefälligere Latinität gewöhnte Ohr der Mönche Bedürfnis war. — [111]) Leider lässt sich, da diese Schrift nicht mehr zum Vergleiche vorhanden ist, nicht so bestimmt wie bei der Umarbeitung der älteren Vita durch Walahfrid dessen persönliches Verdienst und selbständige Tätigkeit ermessen. Meyer v. Knonau nimmt an, dass sich diese Tätigkeit wieder nur auf das Formelle erstreckte, aber dabei in radicalerer Art, als es beim Werke des Anonymus der Fall gewesen sei. Vrgl. Mitt. XII, Einl. pp. XXII u. XXIII.

INCIPIT LIBER II. DE MIRACULIS, QUE POST OBITUM SANCTI GALLI DOMINUS OB IPSIUS MERITA DIGNATUS EST DECLARARE.[a)]

I. Quomodo hostes sepulchrum beati Galli violaverint[b)].

MERITIS BEATISSIMI GALLI COTTIDIE PER MIRAculorum signa radiantibus et longe lateque circumpositorum aures famæ suæ dulcedine mulcentibus, cum jam post transitum eius anni quadraginta fuissent evoluti[112]), venit Otwinus, partium earundem potestate præditus, cum exercitu magno et ira intolerabili concitatus, devastavit non minimam partem pagi, qui ab interfluente fluvio Durgeuvi[c)] nominatur; Constantiense quoque territorium et Arbonensis pagi confinia depopulari cœpit et igni succendere. Viros, quicumque inveniri potuerunt, gladio peremit, uxores et parvulos eorum in captivitatem egit. Peculiis quoque et omni suppellectile sublata, fructus omnes penitus demoliri fecit. Arbonenses itaque huius terroris immanitate compulsi, cum omnibus, quæ habebant, fugerunt in solitudinem et ad cellam viri sancti[d)] se contulerunt. Deinde facta in agro fovea, absconderunt ibi, quicquid habebant, et fossam terra cooperientes, ne secretum eorum deprehenderetur, lini semen desuper insperserunt. Cumque jam Arbonensem pagum hostes desolavissent, vestigia fugientium secuti venerunt ad cellam sancti patris et fugitivos, quos repererunt, vinctos abduxerunt et juvenes eorum in captivitatem miserunt. Erchonaldus[e)] autem, prefecti vicarius, cum vicina solitudini inhabitaret loca, habuit res eiusdem cellulę notissimas. Is oratorium ingressus, invenit mendicum[113]) quendam intus sedentem,

---

a) Anstatt dieses Titels hat Mabillon den kürzern: „Liber secundus. De Miraculis post mortem beati Galli patratis". Vrgl. Mabillon, l. c. — b) „violaverunt", Mabillon, l. c. — c) „Turgowe", Mabillon, l. c., p. 250; (pagus) „Durgaugensis", die anonyme Vita. — d) „viri Dei sancti", C, D; „viri Dei" ohne „sancti", Mabillon, l. c., p. 251. — e) „Erchanaldus", B; „Erchonoldus", die ältere Vita.

112) Über diese auffällige Zeitbestimmung in der älteren Vita vrgl. Meyer v. Knonau in den Mitt. XII, pp. 50 u. 51, Anm., und Mabillon, l. c., pp. 250 u. 251, Anm. — 113) Die ältere Vita bietet «paraliticum quendam», einen Lahmen, anstatt unseres «mendicum quendam», eines Bettlers. Vrgl. Mitt. XII, p. 52.

quem bene noverat, et dixit illi: *Indica mihi, ubi isti, quos tam nudos et miseros invenimus, vestes habeant repositas et utensilia, aurumque et argentum, quorum copia hactenus fruebantur.* Ille respondit: *Nonne mihi melius est illorum denudare secreta, quam vestrae severitatis iram incurrere? — Si ita,* inquit, *egeris, eris in consortio nostro et participio societatis nostrae gaudebis.* Qua promissione persuasus, surrexit et eum ad subterraneum duxit armarium. Quod cum idem vicarius aperiri fecisset, species [114], quas inibi reperit, his, qui secum erant, facta divisione distribuit. His ita patratis, putantes passim tale quid occultari, discurrerunt, loca singula signis quibusdam sollicite explorantes. Eiusdem rei gratia Erchonaldus, assumptis secum septem pueris, introivit oratorium. Cumque clausis ostiis pavimenti planitiem pulsarent, ob spem videlicet inveniendę pecuniae, unus illorum post altare veniens, pavimentum percussit; et audiens a cavitate tumuli [115] sonitum reddi: *Hic est,* inquit, *quod opido desideratis.* Accurrentes igitur pollictores[a][116] infesti, ceperunt fodere, et cum ad locum[b] pervenissent, extulerunt illum [117], dicentes: *Quia isti Rhetiani calliditate naturali abundant, videamus, ne quippiam sub hac arca occulti remaneat.* Huic sacrilegio inservientes, invasit eos horror immensus. Qui in fugam conversi, dum ostium oratorii singuli praeoccupare[c] niterentur, insania agitati evaginatis gladiis invicem se occiderunt[d]. Erchonaldus vero, huius auctor sceleris, timore cogente volens exilire per ostium, caput superliminari inlisit et ad terram concidens alienatus mente jacebat. Cumque a suis perduceretur ad propria, nimia infirmitate et novis doloribus coepit urgeri. Toto itaque ipsius anni curriculo fortissimis maceratus molestiis, capillorum honore et cutis superficie spoliatus, etiam digitorum ungues amisit. Et ut omnibus longo tempore ultionis in eum divinitus collatę signa paterent, cunctis vitae suae diebus hac deformitate notabilis fuit. [118]

---

a) An der zweiten Silbe radirt; „pollinctores", B, C, D und Mabillon, l. c. — b) „loculum", C, D und Mabillon, l. c. — c) Das zweite „c" über der Zeile vielleicht von der gleichen Hand. — d) „se conciderunt", C, D und Mabillon, l. c.

[114]) Der Ausdruck «species» bedeutet hier Geld. Vrgl. die Worte «ubi diversi generis pecuniam experti sunt» der anonymen Vita bei Meyer v. Knonau in den Mitt. l. c. — [115]) Grabmal des h. Gallus. — [116]) Den Ausdruck «pollinctores», d. h. Leichenbereiter, hat Walahfrid hinzugefügt, wie auch im vorhergehenden Satze «opido». Vrgl. die ältere Vita in den Mitt. XII, p. 53. — [117]) Darunter ist der Sarg verstanden, welche Bedeutung die Lesart «loculum», anstatt «locum» = Grab, hat. — [118]) Unser Capitel fasst in sich das XXXXII. und XXXXIII. der anonymen Vita bei Meyer v. Knonau in den Mitt. XII, pp. 50—53.

II. Qualiter Boso episcopus corpus eius reposuerit.

AUDIENS CONSTANTIENSIS ECCLESIÆ PRĘSUL, nomine Boso, sepulchrum beatissimi Galli violatum esse ab hostibus nullumque remansisse in cellula, pręter duos fratres Magnoaldum a) et Theodorum, qui sacri corporis reliquias tumulo restituere potuissent, venit illuc cum clericis suis et invenit cellulam desolatam, sancti patris corpus de sepulchro ejectum, altaria nudata duosque fratres, qui remanserant, spoliatos, jacentes in oratorio et magnitudinem calamitatis gemitibus et lacrimis protestantes. Et misericordia motus, cœpit eos consolari, multiplicibus verbis, illam replicans psalmistæ sententiam, qua dicit: *In tribulatione invocavi Dominum et exaudivit me in latitudine. Dominus mihi adjutor, non timebo, quid faciat mihi homo* b). His dictis sumens loculum, in quo sanctum corpus erat, posuit super terram inter parietem et altare et desuper, ut moris est, arcam altiorem construxit, fossam vero terra replevit. De suo quoque vestimenta fratribus c) largitus est et, unde alerentur d). disponens, ad episcopium remeavit. [119])

III. Qua pena multati sint eiusdem loci violatores.

POST MULTUM VERO TEMPORIS MISIT PIPPINUS MAjordomus exercitum copiosum ad devastandam Alamannorum provinciam et iterato Franchorum ditioni subjugandam [120]). Cumque tota terra e) hostili contereretur incursu, avidi prędones Arbonensem pagum percurrentes, ad cellam viri Dei venerunt et quoscumque ibidem invenerunt (nam multi illuc confugerant), sperantes in Dei misericordia et patrociniis sancti illius, duxere captivos. Quinque autem supra memorati principis satellites ingressi oratorium, repererunt ibi quasdam ancillas eiusdem loci cum parvulis earum et, quæ essent, percontati sunt. Quæ dum se de familia ipsius sancti esse proclamarent, hoc a predonibus audierunt: *Exite, egredimini; sanctum, quem dicitis, ignoramus.* Et abduxerunt eas captivas in Franciam. Eodem vero anno a malignis spiritibus arrepti et

---

a) „Maginaldum" die ältere Vita. — b) Vrgl. dies Citat aus Ps. CXVII (CXVIII) 5 u. 6 mit der entsprechenden Stelle der älteren Vita in den Mitt. XII, p. 54. — c) „fratribus vestimenta", B, C, D und Mabillon, l. c., p. 252. — d) Aus „alarentur" berichtigt. — e) „terra tota", Mabillon, l. c.

[119]) Dies Capitel deckt sich mit dem XXXXIIII. der anonymen Vita bei Meyer v. Knonau in den Mitt. XII, pp. 53 u. 54. — [120]) Die Unterwerfung ist eine Zutat Walahfrids. Vrgl. die ältere Vita in den Mitt. XII, p. 55, mit Anm. 177.

amentes effecti, nudi circumquaque discurrebant; et ubicumque urbes vel vicos ingressi sunt, cruciatus sui causas retexebant, dicentes: *Gallus abba nos habet ligatos*. Et cum hac criminum misera commemoratione suorum vitam infeliciter ducentes, flebiliter finiverunt. [121])

IIII. Quo miraculo palla, super lectum sancti incensa, redintegrata sit.

ALIO TEMPORE DIACONUS QUIDAM, NOMINE STEphanus, dum in eiusdem sancti patris[a)] ęcclesia custodis fungeretur officio, quadam vespera incensam oratorio inferens candelam, posuit super[b)] candelabrum juxta beati viri sepulchrum. Quæ a rectitudine status vergens in partem, ardens cecidit super arcam sepulchri. Cuius ardoris violentia unam comprehendens pallam, usque ad medietatem exussit et ita restincta est, nihil lecto, nihil baculo, qui in eo pendebat [122]), vel aliis linteaminibus super sepulchrum expansis inferens lesionis. Qua ex re colligitur, ad declarationem virtutum beati viri potius, quam ad damnum rebus eius inferendum, idem evenisse incendium, quia[c)], ut in sequentibus apparet, pallam, quam lenis flamma diminuit, virtus manifesta restituit. Mane itaque facto fratres oratorium ingressi, quod factum fuerat, perviderunt, et admiratione non minima sunt perculsi. Tertia vero die cum ad matutinale convenirent officium, invenerunt in oratorio cęreos ardentes et duos juvenes stantes, unum ad caput et alterum ad pedes, distendentes inter se pallam, quæ pridem fuerat ignis attacta vaporibus. Hoc viso timore nimio conterriti, cum celeritate egressi ad lectulos redierunt. Cumque se collocarent, ęcclesiæ campanum insonuit et auditi sunt duo chori, incredibili alternantium personarum dulcedine perstrepentes. Igitur die illa nequaquam ausi sunt oratorium introire. Die autem sequenti ante ostium eius unanimiter conglobati, prostraverunt se in orationem, et cum surrexissent, cum magno timore intrantes invenerunt pallam, quam partim ignis absumpserat, super lectum expansam, sicut prius expandi solebat, nulla imminutionis[d)] habentem inditia; sed potius latitudinem vel longitudinem eius

---

a) „patris sancti", Mabillon, l. c. — b) „eam supra", Mabillon, l. c. — c) Wir schreiben „quia" klein, indem wir das Folgende bis „Mane" u. s. w. mit dem vorausgehenden Satze inniger verknüpfen als Mabillon mit seiner Schreibung „Quia" nach dem Punct. Vrgl. Mabillon, l. c. — d) So B, C, D; A „imminitionis", aus „immunitionis" zur Hälfte berichtigt.

121) Unserem Capitel entspricht das XXXXV. der anonymen Vita bei Meyer v. Knonau in den Mitt. XII, pp. 54—56. — 122) Der Stab (oder cambotta genannt) hieng am Leuchter, welcher die Wachskerzen trug.

trium auctam esse magnitudine cubitorum. Huius perspicuitate miraculi hilares facti, benedixerunt Domino, qui tam manifestis gratiæ suæ[a] virtutibus servi sui merita declarare dignatus est.[123])

V. Miraculum missæ avis, et de signorum sancti viri multiplicitati.

IDEM STEPHANUS DUM QUODAM TEMPORE CUM HIS, qui simul aderant, carnem ad percipiendum in cuiusdam accessu jejunii non haberet, resedit in cellula, de eadem penuria cum cęteris locuturus. Dumque sermone vario paupertatis solatia mutuo ministrarent, avis quędam ignotę formę consedit in limine. Unus assidentium torrem de igne rapiens, alitem percussit. Cuius carnes dum suis usibus pręparassent, incredibilem saporis dulcedinem in gustu earum deprehenderunt; facientibus hoc, ut credimus, beati viri meritis, ut, sicut famulis eius in similitudinem antiqui miraculi, quo populus Dei coturnicum carnibus in solitudine est refectus, avis incognita missa est, ita sapor procuratę celitus ęscæ novę dulcedinis delectamentum haberet.[124])

Tanta autem est miraculorum copia, quę Dominus apud tumulum eius diversis temporibus ostendit, ut non facile scribendi studio comprehendi possit. Ex quibus propter abundantiam multa omittuntur; pauca vero et eminentiora propter memoriam posteris commendandam huic inseruntur opusculo. Pręter mortuorum enim resuscitationem corpoream[b], cęterarum infirmitatum remedia creberrima inibi largitate a Domino prestita sunt et prestantur, si[c] quidem et dęmoniaci ibidem curati[d] et languentes sunt recreati, aurium claustra reserata, oculorum deterse caligines, mutorum exclusa silentia, paraliticorum eliminata defectio. Sed et quicumque animę vel corporis necessitate coactus, fide integra, apud sepulchrum beati Galli instantiam orationis exequitur, Domino confessoris sui merita comprobante præcum suarum nullatenus fructu privatur, verum[e] sine tarditate divinæ largitatis sentiens dona lætatur.[125])

a) „suæ" fehlt bei Mabillon, l. c., p. 253. — b) „corporum", Mabillon, l. c. — c) Wir schreiben und interpungiren so, abweichend von Mabillon, l. c., der „Si quidem" u. s. w. gesetzt hat. — d) „curati" fehlt bei Mabillon, l. c. — e) „verum etiam", Mabillon, l. c.

123) Das vorstehende Capitel deckt sich mit dem XXXXVI. der älteren Vita bei Meyer v. Knonau in den Mitt. XII, pp. 56 u. 57. — 124) Dies ganze Capitel hat Walahfrid zur älteren Vita hinzugetan und vermutlich aus des Diaconus Gozbert Buch über die Wunder des h. Gallus geschöpft. Vrgl. Meyer v. Knonau in den Mitt. XII, p. XXII Einl. — 125) Auch dieses Capitel findet sich noch nicht in der anonymen Vita. Neue Quelle vermutlich Gozbert. Vrgl. die Anm. zu Capitel V.

VI. Quomodo donarium sancto deferendum ab incendio sit reservatum.

(p. 60) TEMPORIBUS[a] IGITUR CARLOMANNI MAJORIS DOMUS miraculum memoria dignum per merita sancti patris effectum, huic operi inserere utile judicamus. Vir quidam pauperculus in pago, qui dicitur Perahtoltespara[b][126]), ex summa devotione cum uxore sua ad cellam beati Galli causa orationis properare disposuit. Cuius intentione devotionis dum mulier pallulam, quam in sancto loco[c] oblatura erat, contextam paravisset, involvit ea formellam cęrę[d], quam simul oblatum ire cogitabat et in arca sua inter alia vestimenta reposuit. Contigit autem, dum ire pararent, domum illorum cum omnibus, quæ infra illam erant, rebus, igne cremari. Cumque consumptis omnibus, flamma cessante, sopitum fuisset incendium, cœperunt inter favillarum cumulos ferramentorum reliquias quæritare. Et ecce inveniunt (mirum dictu!) cęram pallula involutam inter cineres et carbones, nihilque in eis lesionis apparuit, cum ipsam arcam et quicquid aliud in illa repositum erat, penitus consumpsisset incendium. Viso igitur tantę virtutis miraculo, benedixerunt[e] Deo et iter, quod disposuerant, peregerunt. Et narrantes fratribus, quę gesta fuerant, obtulerunt donarium, quod, huic voto consecratum, in supremis non poterat perire periculis[f]. Servatę sunt[g] ibi eędem res in testimonium postfuturis usque ad tempora Otmari[127]) abbatis.[128])

VII. Correctio eius, qui cavallum[h], quem voverat, fraude retinuit.

NEQUE ILLUD SILENTIO PRETEREUNDUM VIDEtur, quod in supradicto pago temporibus Pippini regis contigisse refertur. Quidam vir, nomine Willimarus, gravi infirmitate depressus, sub voto promisit se equum unum[i] duosque boves, si pristinę restitueretur sanitati, ad

---

a) „Tempore", Mabillon, l. c. — b) „Perahtoltaspara", B. — c) „in loco", Mabillon, l. c. — d) „eam formella cerę", Mabillon, l. c. — e) „et benedixerunt", Mabillon, l. c. — f) „periculis perire", B. — g) „sunt autem", B, C, D. — h) „caballum", Mabillon, l. c., p. 254. — i) „vivum", Mabillon, l. c.

126) Berchtoltsbar, Bezirk am oberen Neckar, der in innigen Beziehungen zu St. Gallen stand. Vrgl. Wartmann, Urk.-B., der unter Nr. 25 die erste Schenkungsurkunde mitgeteilt hat. — 127) Vrgl. mit der Namensform «Otmari» die vielen wechselnden Bezeichnungen Audomarus, Audemarus, Autmarus, Automarus, Autumarus; alle urkundlich bezeugt nach Wartmann, Urk.-B., Bd. II, p. 432, im Pers.-Reg. — 128) Unser Capitel deckt sich mit dem XXXXVII. der anonymen Vita bei Meyer v. Knonau in den Mitt. XII, pp. 57 u. 58.

ęcclesiam beati Galli donaturum. Cumque ex illa die[a)] confortaretur et plenam recepisset sospitatem, contigit, ut cum Birihtilone[b) 129]), domino suo, causa orationis ad cellulam sancti viri, eodem vec!tus equo, veniret. (p. 61) Igitur cum post orationem omnes illi, qui simul advenerant, digressi non
5 longe[c)] essent ab ęcclesia, equus, quem sponsor infidelis, postquam voverat, fraude retinuit, repente substitit et, licet eum sessor calcaribus urgeret ac verberibus fatigaret, nusquam potuit commoveri. Videntes hoc, qui aderant, cœperunt inquirere huius miraculi causas. At ille, confusione digna correptus, prodidit reatum et fraudem, quam in voto fecerat, confessus,
10 aperuit. Reversi autem omnes pariter, equum obtulerunt ad limen ęcclesiæ; et benedictione percepta ad sua sine obstaculo redierunt. In quo facto et divina pietas et sancti viri virtus apparuit, dum is, qui per se resipiscere[d)] noluit, per correptionem ad correctionem pervenit.[180])

VIII. Cera de furto oblata, in lapidem conversa.

15 ILLUD QUOQUE MIRACULUM, QUOD QUARTO ANNO CARLOmanni regis in pago, cuius supra mentionem fecimus, contigit, libet memoriæ commendare. Pauperculus quidam juxta regiam possessionem, quæ Rotunwila[e) 131]) dicitur, commanens, dum ad cellulam[f)] sancti Galli[g)] pergere voluisset nec haberet aliquid, quod ob devotionis
20 indicium illuc deferre potuisset, diabolo suadenti consentiens, atrium cuiusdam divitis irrupit et alvear cum melle et apibus furtim auferens,[r] intulit domui suæ. Apibus deinde extinctis, cęram confecit et non multo post inter vicinos et amicos cum hoc furtivo munere ad ecclesiam venerabilis Galli perrexit. Cumque singuli, quod attulerant[h)], optulissent[i)], is, qui
25 contra fas offerre voluit de rapina donarium, cęram reperit in lapidis durissimi rigorem mutatam. Ingenti itaque timore perculsus, uni eorum, qui secum venerant, reatum suum confessus est. Qui deinde dum[k)] cu-

---

a) „Cumque illa die", Mabillon, l. c. — b) „Bicthilone", Mabillon, l. c.; „Pirhtilo", die anonyme Vita. — c) „non longe digressi", B. — d) „respicere", B. — e) „Rotenwila", Mabillon, l. c.; „Rotundavilla", ältere Vita. — f) „cellam", Mabillon, l. c. — g) „sancti viri Galli", Mabillon, l. c. — h) „obtulerant", Mabillon, l. c. — i) „attulissent", Mabillon, l. c. — k) „cum", Mabillon, l. c.

129) Die vielen wechselnden Namensformen dieses alamannischen Grafen s. urkundlich bezeugt bei Wartmann, Urk.-B. Nr. 56, 102, 103, 107, 108. — 130) Der Schlusssatz, gewissermassen die Nutzanwendung des Wunders, ist Walahfrid eigen. — Diesem Capitel entspricht das XXXXVIII. bei Meyer v. Knonau in den Mitt. XII, pp. 58, 59 u. 60. — 131) Rotwil, eine Stadt am oberen Neckar, schon im achten Jahrh. urkundlich vorkommend. S. Wartmann, Urk.-B. Nr. 122.

(p. 62) stodibus ęcclesiæ, quæ facta fuerant, indicaret, fama huius miraculi | mira celeritate cunctis innotuit.[132])

VIIII. Pronuntiatio scriptoris de qualitate operis assumpti.[133])

DESCRIPTIS HIS, QUÆ PRISCORUM SOLLERTIA de vita, fine et virtutibus beati Galli ad nos usque scripto transmisit, hinc ea stilo comprehendere temptabimus, quæ a fidelissimis testibus indicata, a carissimo patre Cozberto[a)] literis sunt mandata. In quibus primo, quomodo vel quando in cęnobio beati Galli regularis vitę instituta servari cœpissent, liquido declaratur. Deinde, quibus miraculis eiusdem patris virtus cunctis effulserit, probabiliter exponitur, commemoratis pariter singulorum, quæ introducuntur, assertoribus. Quæ idcirco novis dictionum positionibus ordinare voluimus, ut cum prioribus aliquam similitudinem locutionis habeant et brevitatis compendio succincta, fastidiosis lectoribus onerosa non fiant. Siquidem nomina eorum, qui scribendorum testes sunt vel fuerunt, propter sui barbariem, ne Latini sermonis inficiant honorem, pretermittimus, scientes, de veritate dictorum a fidelibus non esse dubitandum, quippe qui norunt, nihil horum, quæ referimus, Deo impossibile esse, in quo fit, quicquid per sanctos mirabiliter et laudabiliter fit. Sed et si quis earundem rerum testes nosse desiderat, in conscriptione[b)], quam sequimur, poterit invenire. Inserimus quoque huic operi nonnulla, quæ non scripturę testimonio, sed veracium virorum relatione didicimus. In quibus omnibus, quantum ad nos attinet, veritatis lineam servare studebimus, neque per amorem falsi aliquid de nostro inserentes neque per invidiam (p. 63) veri quippiam ex voto cęlantes. Et quia nos scripta vel dicta se | quimur aliorum, ad illos veritas rerum, ad nos pertinet adbreviatio dictionum et adunatio rationum.

---

a) „fratre Gozberto", C, D und Mabillon, l. c. — b) „in scriptione", B.

[132]) Die anonyme Vita ist hier wieder einmal ausführlicher als Walahfrid. Vrgl. den Schluss des Capitels bei Meyer v. Knonau in den Mitt. XII, p. 61. — Unser Capitel deckt sich mit dem XXXXVIIII. der älteren Vita in den Mitt. XII, pp. 60 u. 61. — [133]) Von hier an hat bereits Meyer v. Knonau in den Mitt. XII, p. 62 ff. Walahfrids Vita veröffentlicht. Vor den Titel zu Capitel X setzte Meyer v. Knonau die Überschrift des Buches «Libellus De Miraculis Sancti Galli Confessoris». Derselbe wählte die fortlaufende Capitelzahl 50 u. s. w., daneben in Klammern 9 u. s. w.

X. Quemadmodum Pippinus eundem locum Otmaro cum privilegio et donis commendarit.

POST VENERANDI PATRIS, VIDELICET BEATI GALLI[a], confessoris Christi, gloriosam depositionem, cottidianas excubias apud sacri corporis eius reliquias quidam religiosi clerici, vel discipulatus eius memoria, vel divino amore succensi, per multa annorum curricula, scilicet quasi a temporibus Dagoberti regis usque ad Karolum, patrem Carlomanni et Pippini, ad laudem Christi administrabant. Igitur cum fama virtutum, quas Dominus per confessoris sui merita pie quęrentibus exhibere dignatus est, longe lateque circum positorum mulceret aures populorum, ceperunt undique alacri devotione ad tanti patris suffragia postulanda concurrere eundemque locum ob suæ diuturnitatem memoriæ multiplicibus substantię et possessionum amplificare donariis. Cumque res hac largitate fidelium collatę, aliquantulæ monachorum congregationi viderentur suppetere potuisse, Waltramnus[b] quidam, ad cuius paternam possessionem termini vastę solitudinis, in quibus vir Dei cellam construxerat, pertinere videbantur, videns, res collatas a quibusdam pręsumptoribus inordinate tractari, religiosum quendam presbiterum, Otmarum nomine, cui summam earundem committeret rerum, a Victore, tunc Curiensium comite, impetravit et ei cellulam cum omnibus ad eam pertinentibus commendavit. Postmodum consilio cuiusdam ducis, nomine Nebi, persuasus, ad prefatum principem Carolum cum eodem duce properavit ipsique eandem cellam proprietatis jure contradidit et, ut Otmarum presbiterum eidem loco præficeret, exoravit. Annuens petitioni eius princeps, Otmaro (p. 64) ad pręsentiam suam vocato, locum commendavit et, ut regularem inibi vitam instituere studeret, præcepit. Qui regressus, arripuit statim boni pastoris initia et undique versum habitacula monachorum usibus congrua disposite construens, eiusdem sancti statum loci utilitatibus diversis aptavit. Sed cum jam dictus princeps temporaliter regnandi et vivendi finem fecisset, duobus filiis Carlomanno et Pippino administrationem regni reliquit. Carlomannus itaque paucorum decursibus evolutis annorum, ob amorem regni cælestis, sæcularis gloriæ pompam deposuit; et cum causa quietioris vitæ Romam tenderet, in vicina[c] supradicti loci deveniens, ad idem monasterium causa orationis accessit[d]. Audiensque assiduis signorum

---

a) „beati videlicet Galli", B, D und Mabillon, l. c., p. 255. — b) „Waldrammus", B; „Waltrammus", C. — c) „in vicinia", C, D; „in viciniam", Mabillon, l. c. — d) „accessisset", B.

virtutibus eundem locum pro beati viri meritis a Domino illustrari, dixisse fertur: *Tenuis quidem hic locus est facultate, sed pro meritis beati Galli celebri diffamatus rumore.* Cumque vellet ibidem degentibus aliquod suæ largitatis conferre solatium, sed retractaret a negotiis se regni disjunctum explere non potuisse, quod voluit, fratri rescripsit, ut sui amoris intuitu eidem monasterio aliquod regiæ largitionis[a] solatium dignaretur impendere. Cum igitur ab Otmaro abbate præsentatam Pippinus princeps accepisset epistolam, annuens petitioni fraternæ, libellum, quem benedictus pater de cœnobitarum conversatione composuerat, eidem abbati tradidit et alia regiæ dignitatis impertiens dona, id ei sub omni diligentia injunxit, ut in loco sibi commendato ad supplendas beati Galli excubias regularis ordinem institueret vitæ. Atque ut melius posset, quod jubebatur, efficere, concessit illi quosdam tributarios de eodem pago, ut et[b] illis conlaborantibus officinas fratrum usibus necessarias construeret et vectigalia, quæ annuatim regis reditibus[c] inferre debebant, ad sustentationem fratrum sub commemoratione largitatis eius haberet. Inter cętera quoque suæ munificentiæ donaria, rogante abbate, unum campanum ad sancti loci dedit ornatum; quod ad usque nostræ ætatis tempora in cęnobio eodem pro memoria beneficiorum eius permansit. Et ne cuiusquam avaritia tanti incrementis[d] obsisteret boni, diuturnę firmitatis epistolam fecit conscribi et, ut moris est, circumspecta roborari cautela, quo[e] deinceps tam ipse, qui aderat, quam successores eius idem monasterium per regiam obtinerent auctoritatem et, nullius violentia pressi, solis rerum principibus subjacerent. His regiæ pietatis Otmarus abba, donatus solatiis et sublimatus honoribus, monasterium lætus regreditur. Et ex illo tempore monasticæ vitæ in cœnobio sancti Galli exordium quidem cœpit, augmentum autem et profectus usque hodie[f] laudabiliter dilatari non desinit.

XI. Qualiter præcaventibus Victoris incursum populis signum cęlitus sit datum[g].

PREMISSA NARRATIONE, QUA COMPREHENsum satis vere credimus, quomodo sacer locus emunitatis[h] privilegium meruerit et quo

---

a) „largitatis", Mabillon, l. c. — b) „et ut", B. — c) „regiis redditibus", Mabillon, l. c., p. 250. — d) „criminis", B. — e) „quod", D. — f) „profectus hodieque", B, C; in A ist das „que" ausradirt und dafür von späterer Hand „usque" über der Zeile vor „hodie" eingetragen worden. — g) „signum sit divinitus datum", Mabillon, l. c. — h) „immunitatis", Mabillon, l. c.

in tempore cœnobiali dignitate sit adornatus, liberius jam ad miraculorum beati Galli commemorationem stilum convertimus. Victor, Curiensis Rhetiæ comes, cuius superius fecimus mentionem, cum innumerabiles apud tumulum sancti Galli per merita ipsius virtutes ostendi creberrime didi-
5 cisset, invidia perurgente[a)] tanta novarum generositate virtutum nostram gentem insigniri perdoluit; et, ut tunc fama vulgaverat, latenter voluit per abdita heremi supervenire et preciosi thesaurum corporis, si quo pacto potuisset, auferre. Qua malitiosi raptoris intentione comperta, hi, qui in circuitu cellæ viri Dei commanebant, custodibus vicissim per turmas
10 deputatis, eundem locum ab hostili incursione, ne videlicet tam cari fulgore margareti[b)] carerent, omni sagacitate defensare studuerunt[c)]. Igitur cum quadam nocte custodes in summitate montis, qui monasterio superimminet, ad suspectos incursus armati resideret præcavendos, casu lucem e cęlo venire ac totius ęcclesiæ perfundere mœnia conspexerunt. Immensitatem
15 itaque luminis admirati, ad ęcclesiam citius concurrerunt. Et dum trepidi stupentesque ibidem constituti eundem intuerentur splendorem, paulatim se lux submissa recolligens, astris inseritur. At illi viso miraculo agentes Domino gratias, securi ad propria remearunt, credentes, corpus viri Dei per vim ab eo loco minime auferri posse, quem illi Dominus ante sęcula
20 prævidit et suæ illustrationis[d)] honore temporibus istis decoravit. Unde datur intellegi, quanti apud Deum meriti vir iste fuerit, cuius sepulturę locum cęlitus contigit illustrari, ut videlicet lumen, quo eius anima perfecte fruebatur in cęlis, etiam mortuo corpori non deesset in terris.

XII. Qua animadversione idem comes a sua[e)] præsumptione
25 sit repressus.

AUDIENS ITAQUE COMES PREDICTUS, A CELLA SANCTI viri discessisse custodes, cupiens suos explere conatus, virorum turbam assumpsit[f)], ut, quod male cogitaverat, repentino et latenti perpetraret accessu. Verum quia non suę devotionis utilitati prospiciens, sed alienę[g)]
30 felicitatis profectibus[h)] invidens id moliebatur, Dei nutu cito repressus fuisse cognoscitur. Nam eodem momento, quo iter illud aggressus est, de equo, cui insidebat, corruit, coxaque illius eo casu confracta est, Domino beati viri merita in hoc quoque remunerante, ne a loco, quem ipse elegerat,

---

a) Aus „perurguente" berichtigt. — b) Das „c" durch übergesetztes „i" berichtigt, das „i" aber nicht durch „c"; „margaritę", B, D. — c) Aus „studerent" von späterer Hand durch Rasur und Correctur hergestellt; „studebant", C, D und Mabillon, l. c. — d) „illius traditionis", D. — e) „idem a sua", Mabillon, l. c. — f) „assumit", D. — g) Das erste „c" aus „a" berichtigt. — h) „provectibus", D.

auferretur, quem de ultimis Hiberniæ finibus ad salutem multorum
Rhetiæ vel Germaniæ destinavit[a]. Et vicini quidem exhibuerunt ex-
cubando suæ devotionis obsequia; Deus vero cunctorum custos bonorum,
ibi etiam ad coërcendum raptorem vigilavit, ubi sollicitudo alternantium
non affuit populorum. Et hoc quidem egit, ut credimus, ne fideles populi
thesauro, quem ferventibus studiis ambiebant, fraudarentur et ne is, qui
per malitiam hoc decus attingere voluit, suæ perversitatis potiretur effectu,
præcipueque precavens, ne ablatis sancti viri reliquiis, monachorum cater-
vas, quæ inibi laudibus Dei serviturae erant, deesse contingeret. Itaque
comes correptus et domum a famulis reportatus, per multa tempora nimiis
doloribus est agitatus, ut intellegeret saltim[b] ex pena, quam superbe id
cogitaverit, quod suis viribus effici potuisse credebat.

XIII. Paraliticus cęcus et surdus beati Galli meritis sanatus.

QUIA IGITUR DOMINO CUSTODIENTE PII PASTORIS
CORpus a devotarum septis ovium auferri non potuit, dignum fuit, ut
miraculis fidem facientibus virtus meritorum eius ibidem cunctis manifeste
claresceret. Quidam namque de vicino territorio, cum diuturna egrotatione
vexatus lecto decumberet, subripiente[c] humore nocivo, | oculorum lumen
auriumque sensum amisit. Deinde plantis pedum retortis ad nates, tanta
depressus est infirmitate, ut de solo pectusculo vitę manarent fugacis indicia. Qui, a suis ad monasterium vehiculo delatus, dum petentibus amicis
in ęcclesia beati Galli unius spacium noctis ducere permissus a custode
fuisset, solusque ibidem pernoctaret[134]), circa gallorum cantum in subito
mentis excessu quatuor viros, candidissimis indutos vestibus, oratorium
introire conspexit. Qui dum altari adpropiantes, diutissime dulci modula-
minum alternatione concinerent, unus eorum laudibus finitis ad lecticam,
in qua clinicus decumbebat, accedens: *Quid,* inquit, *causę est, o homo,
quod hic per nox tenebrarum transigis solus horrorem? Crede tantum!
et ab hac infirmitate deinceps eris securus. Ergo sanus exsurge, liber
egredere!* Qui protinus surgens, et omni debilitate summota egressus, ad
suos sanus abscessit.

<sub>a) „Rætiæ destinavit" ohne „vel Germaniæ", Mabillon, l. c., p. 257. — b) „saltem", Mabillon, l. c. —
c) „subrepente", Mabillon, l. c.</sub>

<sub>134) Meyer v. Knonau hat nur die Worte «Qui, a suis — pernoctaret» unter dem Texte
aufgenommen, wie er denn auch auf die Vollständigkeit der Wiedergabe der folgenden
Wunder verzichtete. Vollständig und fortlaufend im Texte finden sich bei ihm nur die
Überschriften. Vrgl. Mitt. XII, p. 74 ff.</sub>

XIIII. Quomodo Otmarus abba ab iniquis primatibus sit afflictus.

IGITUR OTMARUS ABBA CUM MULTIS ANNIS IDEM CŒnobium strenue rexisset, possessiones ipsius loci, religiosis quibusque circumquaque degentibus, ob amorem mercedis æternę, plurima suæ largitatis dona conferentibus, in tantum amplificavit, ut infra paucos annos, suppetente exteriorum copia rerum et vitę eius clarescente munditia, multorum pater existeret monachorum. Comites vero quidam, Warinus et Ruodhardus[a], qui totius tunc[b] Alamannię curam administrabant, cum infra ditionis suæ terminos ęcclesiasticarum non minimam partem rerum suæ proprietatis dominio per potentiam subicere niterentur, maximam de eiusdem monasterii possessionibus partem sibimet vindicarunt. Nam tributa, quæ bonę memoriæ Pippinus eisdem fratribus concesserat, abstulerunt aliaque quam plurima, quæ ex donatione quorundam religiosorum eidem cœnobio fuerant contradita, suæ rapacitatis abstraxere protervia. Insuper etiam ipsum[c] abbatem, cum pro hac re apud principem illos accusasset, vinculis injecerunt et in quandam Rheni fluminis insulam juxta locum, qui Stein dicitur, in custodiam religarunt[d]. Ubi cum aliquantum temporis sub artissima districtione mansisset, de carcere huius vitæ ad lætitiam commigravit cælestem, expletis non minus XL annis regiminis sui, quo sancti illius loci statum et gloriam nobiliter amplificavit et auxit.

XV. Qualiter eorundem instinctu Sidonius episcopus eundem locum invaserit.

HOC ITAQUE ITA REBUS HUMANIS SUBTRACTO, PREdicti comites sublatas sancti loci possessiones retinentes, Johannem quendam monachum de proximo monasterio in eius locum subrogaverunt, ac deinde, ut suæ tyrannidis crimen aucmentarent, Sidonium Constantiensis ęcclesiæ pręsulem instigarunt, ut idem monasterium episcopii partibus subicere studeret. Et hoc idcirco fecerunt, ut eo licentius, ipso machinationibus eorum favente, ea, quæ injuste abstulerant, retinere potuissent. Pontifex igitur cum suasionibus eorum libenter præberet assensum, monasterium ingressus, fratres opprimere et eundem locum episcopii

a) „Ruadhardus", C, D. — b) „fere", Mabillon, l. c. — c) „Insuper ipsum etiam", Mabillon, l. c. — d) „relegarunt", Mabillon, l. c.

rebus subicere molitus est. Porro fratres, dum potentię illius resistere non auderent, maluerunt eius ditioni parere quam tot adversitatibus implicari. Sed sequentia probant, quam perverse egerit, qui per avaritiæ morbum sacri loci privilegium ausus est violare.

XVI. Quod damnum in rebus suis pro eadem temeritate incurrerit.

(p. 70) FERTUR SIQUIDEM EUNDEM EPISCOPUM ALIQUANDO AD ITER hostile sibi de ipsius monasterii sumptibus viaticum præparari jussisse. Quod dum fratres pretermittere non auderent, ea, quæ jussa fuerant, navi imposita per quorundam manus fratrum ad episcopium transmiserunt. Cumque, qui missi fuerant, navigare cœpissent, avis quædam, ut sepe ipsi testati sunt, ante eos apparuit et, quasi ducatus eis officium esset præbitura, facili præibat volatu. Et dum per totius lacus vastitatem ipsius incognito uterentur ducatu, prospero tantem successu ad portum venientes, quid hæc novæ ducis obsequia portenderent, mirabantur; illisque, quam partem peteret, diligenter notantibus, domum quandam litori contiguam, in qua res præfato itineri apte servabantur, intravit. Mirum dictu, mox eandem cellam flamma corripiens in altum prorupit et omnia, quæ ibidem congesta fuerant, penitus consumpsit, ut nihil eorum omnino huic incendio superesset. Fiebatque justo Dei judicio, ut, qui aliena per potentiam rapuerat, suis per supernam justitiam fraudaretur[a].

XVII. Qua severitate fratribus institerit et quam turpiter decesserit.

TEMPORE QUOQUE ALIO IDEM EPISCOPUS AD MONASTERIUM veniens, dum quadam violentia eundem locum episcopio subicere suæque tyrannidi non consentientes monachos quasi justo rebelles injuriis multiformibus[b] afficere temptavisset, Tello quidam, Curiensis ęcclesiæ præsul, misit ad eum, humiliter deprecans, ut sui amoris causa, quoniam eorundem fratrum aliqui consanguinitatis vinculo illi erant conjuncti, ab eorum cessaret injuriis nihilque incommodi Dei famulis irrogaret. (p. 71) Quam petitionem furore dictante superbe contem|nens, remandavit se illius præcibus nullo pacto[c] consensurum, verum resistentibus sibi celerem[d]

---

a) „frauderetur", C. — b) Aus „multoformibus" berichtigt. — c) „pactu", B. — d) „resistentibus celerem" ohne „sibi", Mabillon, p. 258.

pro contemptu inlaturum vindictam. Et mox oratorium beati Galli confessoris, quasi oraturus, ingreditur et ante aram ipsius nomini consecratam consistit; quique ad salutem non merebatur audiri, afflictiones, quas aliis se irrogaturum juraverat, convenienti satis talione recepit. Nam intestina
5 eius more sartaginis igni superpositæ fervere cœperunt, et tam diræ viscerum tortiones[a)] illum invaserunt extemplo, ut sine aliorum adminiculo nequaquam egredi potuisset. Sed, quod dicere pudet, egestio naturę turpi impetu prorumpens cum asstantes nimio fetore gravaret, sine mora ab ęcclesia ejectus vehiculo, quo decedere monasterio posset, sicut rogaverat,
10 est impositus. Sicque immoderato fluore nature consuetudine carens, vasi, in quod egesta defluerent, supersedens, egressus est et ad vicinum monasterium, quod Auva[b)] nominatur, cui et tunc pręerat, perductus est. Ubi etiam ingravescente languore tantum sibimet famulantibus ob nimium fętorem intolerabilis factus est, ut ei jam pene nullus obsequia impendere
15 solito potuisset. Tali itaque pena multatus cum hoc factionum suarum prœmio post aliquot dies de cloaca corporis spiritum exhalavit.

XVIII. Miraculum in sagina porcorum exhibitum.

PERACTA SUPERIORIBUS SENTENTIIS RELATIONE, qua nos satis vere comprehendisse credimus, quomodo sacer locus per merita
20 beati Galli sit diffamatus et possessionibus dilatatus, necnon quibus sit malivolorum[c)] quorundam molitionibus impetitus et quæ quosdam humiliaverit ultio, nunc replicandum esse censemus, quanta | beatus vir præ- (p. 72) sidia sibimet[d)] famulantibus ad res suas custodiendas vel defendendas accommodet, quaque auctoritate se postulantibus et de se præsumentibus
25 multiformi genere virtutum succurrat, Domino meritorum eius magnitudinem signorum assiduitate mortalibus declarante. Quodam tempore, dum sterilitas terræ fructus arborum non solum porcis, sed etiam silvestribus feris vel animantibus denegaret, ita ut in[e)] proximis heremi partibus nusquam sagina posset inveniri, qua sues, qui in usus monasterii nutriebantur,
30 pasci potuissent, occulto quodam impulsu grex suillus per silvarum avia celeri cursu cępit abscedere, transvadatoque Rheni fluminis alveo, remotioris heremi secreta penetravit. Subulcus autem subitam sui pecoris fugam miratus, e vestigio insequitur et gregem, quem pessumire putabat,

---

a) „torsiones", Mabillon, l. c., p. 259. — b) „Augia", C; „Auva seu Augia, vulgo Richenow", Mabillon, l. c., Anm. a. — c) „malevorum", Mabillon, l. c. — d) „sibi", Mabillon, l. c. — e) „in" fehlt in 1).

reperit copiosissimis pascuis immorantem. Cumque viam redeundi nesciret, mansit ibi, fructibus arborum et carnibus victitans, donec grex totus affatim carnibus gravaretur obesis. Itaque domum redire cupiens, cępit anxie cogitare, quo ingenio ignotum iter aggredi potuisset. Nocte igitur quadam vidit in somnio senem quendam reverendi habitus et vultus, canicie venerabilem, dicentem sibi: *Quia, ut video, porci, quos sequeris, ubertim sunt saginati, jam redire parato.* Qui dum responderet se viam nescire, dixit illi: *Scrofam, quam totus grex quasi ductricem sequi solet, cędito et quocumque illa pręcesserit, tendito gressum.* Quod dum ille faceret et pręeuntem diligenter sequeretur, sine errore ad monasterium, cunctis aliud suspicantibus, exinopinato[a] pervenit. Qua in re quid aliud quam | beati Galli merita claruerunt, dum ad usus sibi famulantium ignotum animantibus pastum ostendit et ea rursus mirabili ordine ad propria revocavit?

XVIIII. Qualiter depræhensi sunt[b], qui stabula incenderunt.

FRATER QUIDAM EIUSDEM MONASTERII, POSSESSIONES quasdam sub sua cura habens, in quodam remotiori loco ob nutrimenta pecorum stabula construxit et illic quam plurimum feni recondit[c]. Duo itaque homines, diabolica instigati persuasione, eadem repositoria cum omnibus, quæ inibi congesta erant, noctu igni apposito succenderunt. Sed dum jam pene toto anno huius auctores facti laterent, unus eorum arreptus dęmonio[d], cœpit per vicina discurrere loca, publice proclamans: *Stabula pecorum beati Galli succendi et ideo versa vice ab ipso invisibiliter*[e] *incendor.* Cum itaque divinum in eo continuatim judicium patesceret, pluresque importunis eius clamoribus concitati per loca singula ad hoc miserabile spectaculum convenirent, rogavit omnes, ut eius incendia restinguerent. Illis autem certatim in eum aquam mittentibus, pena divinitus inlata humanis viribus exstingui non potuit. Non paucis deinde diebus exactis in hoc miserabili genere tormentorum insanus vitam finivit. Alter vero, cum sui sceleris socium tali cruciatu vidisset damnatum, ad præpositum supradictum venit, ultroque divinum perhorrescens judicium, delictum confessus est, duosque boves pro debito[f] obtulit ac se voto constrinxit, quod deinceps numquam rebus sancti Galli damnum inferret. Frater autem idem penitudinem eius agnoscens, boves non suscepit, sed abire eum cum suis ad sua permisit.[g]

---

a) „exopinato", Mabillon, l. c. — b) „sint", Mabillon, l. c. — c) „recondidit", Mabillon, l. c. — d) „a dęmonio", Mabillon, l. c., p. 260. — e) Aus „invisibiloter" berichtigt. — f) „delicto", B. — g) „permisit ad sua", B.

XX. Quomodo ille, qui silvam furtim[a)] inciderat[b)], correptus sit.

IN POSSESSIONE QUADAM EIUSDEM MONASTERII QUĘ- DAM silvula ob porcorum pastum custodiebatur, ne passim a multis consumeretur incisa. Hanc pauper[c)] quidam oculte solebat adire et furtim multa inibi[d)] precidendo grande damnum inferre. Itaque die quadam cum juxta morem suum laténter intraret et pauca succideret arbusta, gladius, quem tenebat, tam valide manui eius adhęsit, ut illum deponere nullatenus potuisset. Agnoscens igitur, cuius rei causa multatus sit, ad basilicam[e)] in honore beati Galli constructam festinavit, diuque orationibus[f)] imcumbens, manu resoluta gladium ante altare dimisit. Egressus vero cogitare cœpit nihil obesse, si ligna, quæ pręciderat, domum referret[g)], non autem prodesse, si putrefacta perirent. Subjunctis ergo bubus carpento, ad silvam remeat et precisa in unum comportat. Quæ cum vehiculo vellet imponere, dolore quodam prævalido, ceu stimulis urgeretur, in posterioribus attactus est. Quo cum sine mora manum protenderet, gladium, quem coram altari dimiserat, fortuito recepit. Digitis autem manubrium constringens, detestabile munus tam valide retinuit, ut articulorum juncturę invicem laxari putarentur. Tum miser dolore compulsus, ad ęcclesiam recurrit, ibique prostratus, veniam pro commisso et absolutionem manus deposcit. Cumque diu in oratione persisteret et gladium nequaquam dimittere potuisset, juramento tandem ac voto promisit, numquam deinceps se damnum beati Galli rebus inlaturum. Mox manus aperta gladium deposuit. Qui ob testimonium miraculi in eodem loco suspensus, multo tempore ibi permansit, invasoribus ęcclesiasticarum | rerum grande timoris pondus incutiens.

XXI. Quam perjurus vindictam pertulerit.

FRUMOLDUS QUIDAM NOMINE DE POSSESSIONE QUAdam eiusdem monasterii ancillas duas vi abstulit et suę servituti subjecit. Is ab advocato pro eisdem feminis sepius interpellatus, tandem censura judicum coactus est, ut eas vel monasterio redderet vel suo juri cum sacramento in altare beati Galli peracto firmaret. Itaque avaritia impellente, juramentum parvi pendens, monasterium cum suis adiit et, ut di-

---

a) „publice", Mabillon, l. c. — b) „incenderat", Mabillon, l. c. — c) „paulisper", B. — d) „inibi multa", Mabillon, l. c. — e) Aus „balicam" berichtigt. — f) „diuque in orationibus", C. — g) „deferret", Mabillon, l. c.

judicatum fuerat, audacter peregit. Sed pro contemptu sancti Dei ultio[a] eum festina prevenit. Nam juramento expleto ad propria iturus, basilicam egressus est, jumentoque adducto, cum super illud saliendo vellet ascendere, mente captus faciem suam ad posteriora equi insidendo convertit. Estimans itaque id per famulorum contigisse neglectum, iratus resiliit[b] et caballum regirari citius jussit. Cumque secunda ac tertia vice ascendere cupiens, pari luderetur errore, tandem clientium adminiculo equo superpositus monasterio cum rubore decessit[c]. Non longe autem inde positum, subito eum dirus oculorum dolor invasit ac deinde, per momenta singula decrescente visu, cecitatis horrore damnatum materiali funditus luce privavit.

XXII. Quemadmodum invocatus vir sanctus quendam a nece servaverit[d].

INVOCATUS ETIAM VENERABILIS GALLUS QUAM PROMPtum impendat auxilium, sequenti liquebit exemplo. Quidam vir, dum per silvam quandam iter ageret[e] ac circumspecte incursus latronum, qui in ea solebant commorari multisque nocere, festinando devitare conaretur, tantus eum subito sopor invasit, ut vix incedere potuisset. Cumque periculi metu suspectos haberet itineris casus et dormiendi causa paulisper divertere vellet, rusticum quendam obvium habuit eumque rogare coepit, ut interim custos sui existeret, donec importunitatem somni parumper quiescendo depelleret. At ille pacem simulans, fidem spopondit. Itaque modicum divertens, pallium capiti supponit et se prosternens beati viri suffragia his verbis implorat: *Sancte Galle, tua me protectione custodi.* Signaculo crucis deinde munitus cum obdormisset, infidus custos, sponsionis immemor, sumptis armis soporatum quasi perempturus aggreditur, de collo vestem subtrahit, quo facilius uno ictu perimat dormientem. Sed cum gladium in ictum vellet deponere, artubus rigore stupefactis inflecti brachia nequiverunt. Interea dormienti quidam astitit et in somnio[f] dixit: *Quid somno deprimeris, quem ab imminenti interfectione modo tutatus sum?* At ille evigilans et fidelem socium nudato gladio cernens[g] capiti imminere, exilit[h] et comprehensum, qua pro causa hoc scelus vellet admittere, percontatur. Qui cum pro spoliis ipsius

---
a) „ultio Dei", Mabillon, l. c. — b) „iratus valde resiliit", Mabillon, l. c. — c) „discessit", Mabillon, l. c. — d) „liberaverit", Mabillon, l. c., p. 261. — e) „faceret", Mabillon, l. c. — f) „somno", Mabillon, l. c. — g) „cernens" über dem Texte von erster Hand, A. — h) „exiliit", B.

accipiendis^a) se id facere voluisse fateretur, continuo brachia, quæ divina obriguerant jussione, deposuit. Perpendens itaque alter se divina misericordia per merita beati Galli a nece servatum, pacem cum illo fecit et inlęsum abire permisit.

XXIII. Puella dæmonio[b] liberata.

PRETEREA TAM MULTI A FURORE DĘMONUM per eiusdem patris[c] merita sunt liberati, ut, si omnium curationem[d] commemorare velimus, fastidiosis lectoribus occasionem | murmurandi tribuamus. Unum ergo e pluribus replicamus, ne hoc virtutum genus viro sancto defuisse putetur. Puella quædam, sęvissima hostis antiqui vexatione detenta et non ignobilium labore parentum ad monasterium perducta, cum oratorium beati Galli confessoris intrasset, statim horribili dęmonis infestatione agitata ad terram concidit et, miserabiliter se discerpens, horrendo clamore spurcissima verba cępit effundere. Qua causa unus a fratribus[e], Stephanus nomine, miseriæ illius compassus, tamdiu super eam exorcismum recitavit, quoadusque eadem vexatio finiretur; resipiscenti autem puellæ modos pęnitentiæ indixit, seseque pro illa in orationibus ac jejuniis exercere cœpit. At misera femina ut de prohibitis escis quidlibet usurpavit, tam acriter eam continuo dęmon invasit, ut vix a multis teneri potuisset. Cumque identidem ad eundem locum perducta esset et Stephanus supradictus iterato super eam exorcismum recitasset, animal parvulum in modum bruci[f] nigerrimum ab eius ore prolapsum est. Hoc viso cum idem frater attentius adjurationi insisteret, tribus vicibus singulorum similitudo brucorum ore excidit feminę. Quæ animalia dum astantes manu capere niterentur, subito disparuerunt. Puella autem eadem hora surrexit incolomis et reliquum vitæ suæ tempus absque ulla demonis infestatione transegit[g].

XXIIII. Miraculo olei defluentis anxietas increpata custodis.

ILLUD QUOQUE LIBET OSTENDERE EVIDENTI MIRAculo, quomodo vir sanctus quosdam in servitio suo[h] de penuria rerum trepidantes corripuerit et modicę fidei pusillanimitatem confortarit[i].

---

a) „spoliis illius excipiendis", Mabillon, l. c. — b) „a dæmonio", Mabillon, l. c. — c) „sancti patris", C, D und Mabillon, l. c. — d) „curationum", B. — e) „e fratribus", B, C und Mabillon, l. c. — f) „bruchi", Mabillon, l. c. — g) „peregit", Mabillon, l. c. — h) „in suo servitio", Mabillon, l. c., p. 262. — i) „confortaret", B.

Ecclesiæ eius custos dum quodam tempore olei copiam ad luminaria instruenda non haberet, lumen, quod in cripta omnibus ardere noctibus solebat, quadam nocte extinxit, quia lumen, quod ante superius altare et tumbam ardebat, per quandam fenestram radios suos ad altare infra criptam positum dirigebat et sufficere utrique loco credebatur. In eadem autem lampade vitrea, quam exstinctam a custode retulimus, aqua inferius et olei pinguedo desuper erat. Mirabilem rem dicturus[a] sum. Ita totum oleum per rimam in fundo repertam guttatim ad terram defluxit, ut nil aquæ desse videretur. Idemque liquor, per terram usque ad altare decurrens, pallam eius lineam ascendendo occupavit et ita usque ad medietatem infecit, ut numquam deinceps ablui potuisset. In quo, quid potissimum mirer, invenire non potero, utrumne quod oleum subtus aquam depressum est, an quod aqua per eandem fracturam non defluxit[b], vel certe quod oleum de pavimento in pallam sursum ascendit. In quibus tamen omnibus et virtutem sancti viri ostensam et stultam parcitatem ministri increpatam non ambigo.

XXV. Qualiter fugitivus monachus revocatus sit invitus.

SILERI NON DEBET, QUA VIRTUTE SERVITIUM suum dimittentes et fraudulenter[c] abscedentes beatus pater reprimat et vel lapsos revocet vel pertinaces in malo feriat. Frater quidam, de eodem monasterio fugam molitus, equum furto rapuit et per noctem abscessit. Cumque ad Rheni fluvium[d] fugax venisset, transvadare[e] in equo temptavit et a medio alvei nescius ad locum, ubi intravit, cavallo[f] deferente reversus, cum magna festinatione ad monasterium rediit, putans se in alias longe partes abscedere. Mane facto cum se recognovisset frustra laborasse, confusus interdiu deliluit, noctu vero fugam arripiens, in fluvio, sicut prius, salubriter errorem passus est et strofa facta per eandem viam nesciens remeavit. Confusioni igitur obstinationem jungens, ipsa etiam se die occuluit[g] et nocte insecuta tertio notum iter carpens, modo, quo diximus, itidem revocatur. Cumque jam tedio victus die tertio se[h] sopori in campo dedisset, a quibusdam equum cognoscentibus captus est et loco suo[i] restitutus. Et quia effectum voluntatis suæ non invenit, etiam nolens, sancti viri virtute victus, ad viam pervenit. Solent autem plures testari : cunctos, qui de familia ipsius

---

a) „dictusus", A. — b) „defluit", Mabillon, l. c. — c) Aus „fraudolenter" berichtigt. — d) „fluenta", C, D und Mabillon, l. c. — e) „transvadere", C. — f) „caballo", Mabillon, l. c. — g) „se occuluit die", C. — h) „die se tertio", C. — i) „suo loco", Mabillon, l. c.

sancti[a)] aufugerint, aut emendationem quantocius subire, aut manifestę ultioni debere succumbere, neque cuiquam inpune cedere, qui fidem illi plenam servare contempserit.

XXVI. Fulmine deformatus partim Romę, partim in hoc sancto loco sanatus.

QUOD DOMINUS FLAGELLO SUO QUOSDAM A PECCATIS coërceat et pro commissis affligat, testis est paraliticus, cui ante sanationem salvator peccata dimittit; sic autem aliquando percutit[b)], ut eos sanctorum suorum meritis suffragantibus sanitati restituat, ut et divinæ operationis sit indicium, cum interius homo per flagellum a peccato compescitur, et virtus sanctorum liquido comprobetur, cum pro illorum meritis exterius sanitas exhibetur. Fit etiam interdum, ut, qui Dei oculto judicio non uni, sed pluribus infirmitatibus subjacet, non pariter omnia, sed diversis temporibus et intercessoribus debilitatis amittat incommoda, ut, dum alicuius remedium mali per unius merita sancti conceditur, redintegratio sanitatis alterius pręcibus et honori servetur. Quarum omnium rerum evidens indicium dabit subjecta narratio. Quidam violentia fulminis ictus, post egrotationem diuturnam ita totius formam corporis et membrorum officia perdidit, ut monstruosum quiddam potius quam hominem videretur exprimere. Siquidem et statura flebili contractione deposita et gradienti[c)] facultas ablata est, facies vero tanta combustionis est feditata corrupta, et oculorum sedes ita sunt carne et cute superductis complanatę, ut inspicientibus horribile[d)] ingereretur miraculum. Adminiculo igitur parentum Romam perductus, corporis quidem reliqui resolutis nexibus pristinum vigorem recepit et statum, in cecitatis autem squalore permansit. Is a suis reductus[e)], cum ad coenobium beati Galli venisset[f)] et quadam dominica nocturnis laudibus interesset, sopore depressus quasi duas ardentes sagittas ab altari vidit emissas et sibi in oculorum loca defixas; statimque, tanta visione perterritus, exclamavit et tremens ad terram concidit. Cumque diu in pavimento volutaretur, cute, quæ oculis supercrevit, velut gladii sectione recisa, continuo de luminis amissi restitutione gavisus est. Tempore deinde procedenti oculorum eius acies tam pura inspectantibus apparuit, ut pueri perspicaces vincere videretur obtutus. Potuit quidem[g)],

---

a) „de sancti ipsius familia", Mabillon, l. c. — b) „per omne" | B. — c) „gradiendi", C, D und Mabillon, l. c., p. 263. — d) Aus „horribele" berichtigt. — e) „perductus", Mabillon, l. c. — f) „reductus fuisset", B. — g) „siquidem", B.

ut indubitanter credimus, ille[a] apostolorum eximius, cui a Domino ligandi
(p. 81) atque solvendi potestas conlata est, | meritis et præcibus suis omni eum
debilitatis genere liberare. Sed divinæ providentia virtutis constat actitatum, ut in eiusdem novitate miraculi venerabilis Gallus apostolicis
actibus æquaretur, quatenus hoc quoque modo meritorum eius magnitudo
claresceret universis.

XXVII. Surdus et mutus ibidem sanitati restitutus.

INSEQUENTI QUOQUE DOMINICA SURDUS QUIDAM ET
mutus, multorum ibi fratrum cognitioni notissimus, utpute (!) qui idem[b]
monasterium solitus fuerat frequentare, cum nocturnis interesset excubiis,
repente inpulsu valido in pavimentum dejectus est, statimque cum ab eius
ore et auribus plurimus sanguis procumberet[c], sine mora utriusque membri
munia recepit et sanus abscessit.

XXVIII. Furtum per visionem indicatum.

VIDETUR HUIC OPERI INSERENDUM, QUANTUM Dei famulus invigilet ad eorum res defendendas, qui eius suffragia devote postulare contendunt. Puer quidam, qui postmodum corpori eiusdem congregationis insertus hæc eadem attestari solebat, cum adhuc primęvę
ætatis flore gaudens inter scolasticos monasterii cuiusdam Dominicę
noctis sollemniis interesset, quidam e vicino territorio mansionem eius
irrupit[d] ipsiusque codicem et quæcumque inibi reperiri poterat furatus
abscessit. Puer de basilica regressus damnum, quod inlatum est, largo
flętu perdoluit. Porro fratri ipsius[e] foras monasterium posito senex quidam eadem nocte vultu placido in somniis[f] assistens, cuncta, quæ erga
puerolum acta fuerant[g], indicavit; nomen etiam furis locumque, ubi commoraretur, edixit, tempus pariter eiusdem furti depromens. Ille fidem
(p. 82) visioni accommodans monasterium[h] regressus, quod | in somniis[f] audierat, factum invenit, moxque indicia, quæ perceperat, secutus, absque difficultate furem deprehendit et omnia, quæ ablata fuerunt, recepit.

---

a) „illo“, B. — b) „quidem“, C. — c) „prorumperet“, C, D. — d) Aus „inrupit“ hergestellt. — e) „illius“, Mabillon, l. c., p. 263. — f) „in somnis“, Mabillon, l. c. — g) „erant“, Mabillon, l. c. — h) „ad monasterium“, Mabillon, l. c.

XXVIIII. Qualiter ibi sanctimonialis femina brachia receperit.

ALIO QUOQUE TEMPORE SANCTIMONIALIS QUĘDAM[a)] de episcopio Constantiensi, cuius brachia ad mammillas cum rigore contorta ad nullius operis usum deflecti poterant[b)], cum advenisset et ante
5 sepulchrum sancti Galli aliquantisper orasset, sanitatem[c)] indepta gaudens abscessit.

XXX. Furtum in ferramentis factum quomodo sit denudatum.

QUIDAM NON SIMPLICI, UT POSTMODUM CLARUIT, animo adveniens, dum quosdam monasterii operarios, a divino agricolandi labore
10 disjungentes, ferramenta in aratris per noctem dimisisse perspiceret, tempus tenebrosum fraudibus suis oportunum ratus, tot ferramenta sustulit, quot oneri sufficere proprio credidit. Cumque fugam celerans tota nocte vacuo laboraret conatu, in ipso lucis exortu ad portam monasterii ex improviso pervenit. Et quia factum latere non potuisse cognovit, confessione
15 spontanea patefecit, quod præsumptione pestifera in rebus sancti Galli diabolo suadente commisit. Sicque reddens, quod auferre molitus est, petita venia vacuus repedavit.

XXXI. Debilis reformatus.

DEBILIS QUIDAM ITA MEMBRIS OMNIBUS CONtractus, ut
20 nullo pacto per se quoquam progredi potuisset, ad memoriam beati Galli a suis perlatus et cottidie juxta sepulchrum in cripta collocatus, dumusque ad vesperam ibidem orationibus insisteret, ab eisdem ad hospitium reportabatur. Quod dum aliquot | ageretur diebus, presbiter quidam eiusdem (p. 83) congregationis die quadam in ipsa ęcclesia non longe sacris oblationibus
25 operam dedit, subitoque pręter illos cum nullus adesset, ęger celitus per merita, ut credimus, sancti Galli, cuius suffragia sedulo flagitabat, visitatus, confusa horribiliter cœpit voce perstrepere, ita ut idem sacerdos inter[d)] sacra missarum solemnia, sicut sepius testari solitus erat, non minimo quateretur terrore et metu. Cumque circumspiciens oculis cuncta
30 lustrasset et per alicuius præsentiam magnitudinem timoris desideraret evincere, membris miseri ad statum suum redeuntibus crepitum quasi virgarum in ariditate fractarum audivit et huc illucque se præ angustia

---

a) „quædam femina", Mabillon, l. c. — b) „non poterant", C. — c) „sanitate", B. — d) „intra", Mabillon l. c., p. 264.

vertens, post paulolum eum, qui debilis fuerat, sanum de cripta prodire conspexit. Cui etiam tanta mox sanitatis accessit perfectio, ut sine infirmitatis obstaculo optato deinceps potiretur incessu.

XXXII. Quidam a periculo fastidii liberatus.

IN EADEM ALAMANNORUM PROVINTIA QUIDAM dives tantum valitudine contraria tabefactus est, ut pene per annum integrum fastidio laborans deficeret et solatia alimentorum, ut sanitatis recuperatio poscere videbatur, percipere vel continere[a] non potuisset[b]. Is ad coenobium beati Galli pro hac eadem causa perductus est. Post diuturnas igitur pręces et suspiria cum sacrę oblationis consummaretur officium, benedictionis panem de manu sacerdotis accepit. Quo comesto, caruit (p. 84) fastidio, et desiderio victualium congrue percepto, | benedicens Domino et merita sancti Galli miratus, sanus cum gaudio ad propria remeavit.

XXXIII. Alter a ferri vinculis absolutus.

PAUPERCULUS QUIDAM PROPTER HOMICIDII reatum circulis ferreis tam in collo, quam in utroque constrictus brachio, quam gravibus cottidie suppliciis afficeretur, per sulcos, quos ferrum carnibus eius inflixerat, videntibus fidem fecit. Qui cum multa sanctorum loca pro eiusdem cruciatus remedio et admissi sceleris abolitione lustrasset, divina tandem miseratione respectus, nexus, quibus in collo vel uno brachio stringebatur, amittere meruit, et cum forte in vicina[c] coenobii sancti Galli venisset, per visionem ei, sicut referre solitus erat, praeceptum est, ut sancti viri patrocinia quaerens monasterium adfret, pariterque indicatum, quod ibidem circulum, quem uno adhuc ferebat in brachio, amissurus et optatę gratiam sanitatis esset adepturus. At ille desiderio promissę salutis[d] ardescens, utpote qui tanto tenebatur cruciatu, ut totum jam brachium ferro immerso in tumorem esset conversum, iter ad monasterium maturavit. Cumque nocturnis ibidem vigiliis interesset, alto sopore depressus senem assistere videt canitię venerandum, casula indutum sibique dicentem: *Quid tu[e], o homo, cęteris laudem Domini cęlebrantibus, somni torpore deprimeris?* Cuius praesentia perterritus cum responsum reddere non auderet, baculo senex, quem manu gestabat, locum ei vulneris tetigit.

---

a) „contingere", B. — b) „potuissent", C. — c) „invicinia", D; „in viciniam", Mabillon, l. c. — d) „sanitatis", Mabillon, l. c. — e) „tu homo", Mabillon, l. c., p. 265.

Dissiliente itaque longius ferro præ dolore, quem ex attactu persensit, horrendis vocibus asstantes perterruit. Quibus percontantibus, qua pro causa | (p. 85) psallentes inquietaret, cuncta per ordinem, quæ videbat, retexuit; et licet recenti adhuc vulnere non careret, pro amissione tamen ferri, cuius nexi-
5 bus cruentabatur, quia sanitas in promptu erat, gaudio replebatur ingenti.

XXXIIII. Farus cum lampadibus[a] mirabiliter servata.

ALIO QUOQUE TEMPORE FRATER QUIDAM, QUI IN EADEM ęcclesia custodis fungebatur officio, cum farum, quæ ante altare sancti Galli pendebat, pro incendendis luminaribus ad inferiora deponere
10 debuisset, incaute funem, quo ipsa farus dependebat, retraxit. Qui statim e manu dilapsus paxillum, cui insertus erat, de pariete extraxit. Cumque eadem farus sub nimia celeritate solo appropiasset, repente substitit et absque ullo humanę retinaculo artis in aëre suspensa remansit. Custos igitur miraculi stupore perculsus, allato igni lampades omnes accendit et
15 plurimis hoc factum cernentibus, absque pinguedinis effusione seu diminutione lucernarum, altius ipsam farum, quam pendere solebat, retraxit. Deo itaque laudes a cunctis, gratiæ referuntur ab omnibus, qui ad declaranda patris eximii merita stupendi novitate miraculi, lumen sanctis aptatum usibus vel ad horam loco venerabili deesse non passus[b] est.

20 ### XXXV. Lucernę casu non lesę.

IDEM FRATER DUM ALIO TEMPORE LUCERNAS VITREAS in eadem lavaret ęcclesia, alius quidam ibi incaute[c] deambulans cum se alio repente vertisset, quasdam juxta positas veste attactas pavimento dejecit, ita ut violento eiusdem dejectionis impulsu usque in ecclesiæ
25 cancellos ferrentur. Sed miro divinę operationis modo absque lesione repentę[d] suis continuo non sine admiratione restitutæ sunt locis.

XXXVI. Qua medela medico periclitanti subventum sit.

FRATER QUIDAM EIUSDEM CONGREGATIONIS, MEDICI- (p. 86) NAli scientia non ignobiliter instructus, dum quodam tempore incidi
30 sibi[e] fleutomo[f] venam fecisset et prępropera festinatione post modicum

---

a) „lapidibus", C. — b) „passus non est", Mabillon, l. c. — c) „quidam incaute", Mabillon, l. c. —
d) „repertę", C, D. — e) „sibi cum", Mabillon, l. c. — f) „phlebotomo", Mabillon, l. c.

quippiam operis incaute faceret, statim non solum brachium, cuius incisio
venam[a)] vulneraverat, verum etiam totum corpus eius tumore distentum
est[b)]. Qua ex causa accidit, ut mortem suspectam habere coepisset, quippe
quia viderat suae sibi artis industriam studiosius adhibitam nihil prodesse.
Sequenti itaque nocte vidit in somnio placidę gravitatis senem sibimet
assistere, causas infirmitatis blandis inquirentem sermonibus. Cumque
interroganti totius ex ordine rei replicaret eventum, senex dixit ad eum:
*Memento fili, ut luce terris reddita oleo, quod in cripta ante altare con-
suevit ardere, vulneris locum perunguas*[c)]; *nam continuo sanitatem recipies*[d)]. Itaque facto mane, quod in somnio audierat, custodi ęcclesiae retulit,
pariterque cum illo basilicam ingressus, ut edoctus fuerat, certus de promissione peregit. Nec mora sacro perunctus liquore[e)], toto corpore de-
tumuit et integerrimam assecutus est sanitatem.

XXXVII. Puella a nativitate cęca inluminata.

MULIER QUAEDAM UNICAM FILIAM, AB IPSA, UT refere-
bat, cęcam nativitate, propriis humeris monasterio advexit, eamque ante
altare sancti Galli deponens, solo prostrata precibus pro illa diutius in-
cubuit. Illaque orante devotius, subito puellula[f)], huc illucque in pavimento volutata, miserabiliter exclamat, et inter[g)] angustias ac gemitus
optato visu donata, gratissimum omnibus, qui aderant, praebet signi perspicuitate spectaculum.

XXXVIII. Infirmus pulvere sarcofagi et oleo[h)] recreatus.

IN EODEM MONASTERIO INTER SCOLASTICOS TUNC
TEMPOris erat quidam puerulus, pauperculis licet parentibus oriundus,
studio tamen discendi satis intentus. Cumque immatura morte utriusque
parentis solatio nudaretur, quamvis cottidianum victum suis laboribus
assidue quaeritaret[i)], nequaquam tamen boni studii, etiam necessitate com-
pellente, instantiam dereliquit. Is lateris quodam dolore percussus, usque
adeo gravi per longa temporum spacia infirmitate contabuit, ut in uno
latere, ab humero videlicet usque ad extremam corporis partem, ulcera
saniem emittentia paterent quam plurima. Qua infirmitate in tantum gra-

---

a) „venam incisio", B, C, D und Mabillon, l. c. — b) „distensum est", C, D. — c) „perungas", Mabillon,
l. c. — d) „recipies sanitatem", B, D. — e) Aus „loquore" berichtigt. — f) „puella", B. — g) „intra", B. —
h) „olei", C. — i) Scheint aus „quaeritasset" hergestellt.

vatus est, ut jam vix sine aliorum adminiculo quoquam gressum movere potuisset. Sed cum corporale medicamentum, quamvis sepissime adhibitum, nihil illi prodesset, etiam jamque^{a)} disperaretur^{b)} a cunctis, custos ęcclesiæ in festivitate beati Galli cineres de sarcofago illius collegit et
5 oleum, quod ante ipsum altare ardebat, admiscuit adductique corpus pueri ea parte perunxit, quam dolor possederat. Qui die altera ulceribus jam superductis sanus inventus, ob memoriam redditę sibi sanitatis reliquum vitę tempus in eiusdem sancti loci excubiis fidei^{c)} devotione transegit.

XXXVIIII. Manus arida puellæ restituta.

10 POST ALIQUANTUM^{d)} TEMPORIS PUELLA QUĘdam, jam multos per annos manus aridæ et curvatę pondus ferens inutile, ad monasterium cum matre pervenit. Cumque pio voto manui torpenti globulum lini superponens, ad altare sancti confessoris accederet, impositura, quod attulit, continuo manus ipsa restituta est sanitati.

15 ### XL. Cęra, quam rusticus ab ęcclesia rapuit, in lapidem conversa.

TEMPORE VERO ALIO RUSTICUS QUIDAM IN EADEM (p. 88) beati patris basilica cærę particulam suis aptandam usibus ab altari occulte diripuit. Inde regressus ad hospitium, dum de sinu cęram ad
20 quodlibet opus ex ea faciendum protraheret, in duritiam lapidis conversam invenit. Continuoque recurrens ad ęcclesiam, loco suo, quod abstulerat, restituit et asstantibus suam salubriter confessus proterviam, quod factum fuerat, indicavit. Qui rei novitate stupefacti, dum inter admirationem eandem particulam, certius rem cognituri, tollerent ab altari, mirum
25 dictu, in pristinam suæ naturæ mollitiem reperere mutatam.

XLI. Mutus vocis officio muneratus.

JUVENIS QUIDAM PAUPERCULUS, ORATIONIS CAUSA MOnasterium adiens, fratrem suum jamdudum amissę vocis dispendia deplorantem secum adduxit. Cumque altari sancti Galli appropinquasset,
30 presbiterum quendam inibi sacrosancta tractantem mysteria conspexit, et consummationem sacrę actionis opperiens, eiusdem sacerdotis ab officio

---

a) „et jamjamque", C. — b) „desperaretur", Mabillon, l. c., p. 266. — c) „fideli", C und Mabillon, l. c. —
d) „aliqantulum", Mabillon, l. c.

redeuntis^{a)} genibus advolvitur et, ut pro muto dignaretur aliquas fundere
præces ad Dominum, instanter exorat. Et ille huiusmodi desiderio satisfaciens, primo orationem pro misero fecit, deinde crucis eum munivit signaculo ac sic Dominici corporis et sanguinis sacramento firmavit. Quo
facto resolutis linguę vinculis, qui mutus advenerat, pristinę locutionis
recepit officia.

XLII. Puer contractus a debilitate liberatus.

PUERUM QUENDAM, MEMBRIS OMNIBUS ITA CONTRACtum, ut per se nullatenus quoquam progredi potuisset, non longe in itinere,
quod monasterium^{b)} ducit, hi, qui eum ferre solebant, solum dimiserunt.
Armentarius autem quidam, per eandem viam de silva monasterium^{c)}
tendens, dum jacentem miserum conspexisset, ait ad eum: *Quomodo et
unde, o flebilis, advenisti? quove securitatis genere in hoc solitudinis
horrore non timuisti remanere? quo itaque venire desiderasti?* Et ille:
Pro his, inquit, *calamitatibus, quarum me numerositate septum vides, ad
beati Galli patrocinia multo jam ex tempore pervenire cupiveram. Sed
ecce hi, quorum me labore illuc deferri sperabam, modo vię longitudine
fatigati, me miserum in hac solitudine reliquerunt, fame cruciandum et
bestiis lacerandum.* His^{d)} ille questibus per compassionem ad misericordiam flexus, puerum humeris impositum per unum miliarium ad monasterium portat. Quem deinde frater, cui suscipiendorum pauperum cura
commissa est, assumens, congrua mansione refovit. Nocte itaque quadam
circa nocturnas vigilias cęteris, qui similiter suscepti fuerant, ad ęcclesiam
festinantibus, cœpit idem puer omnes attentius exorare, ut ad basilicam
deferretur; cunctisque id, quod petebat, denegantibus, cœpit crebris beati
Galli nomen invocare clamoribus; deinde etiam horribilibus^{e)} perstrepere, ita ut non parvum audientibus terrorem ingereret. Itaque, ut causas
quibusdam^{f)} angustiarum eius agnoscerent introeuntibus, sanus inventus
est et cum gratiarum actione ad ęcclesiam properavit.

XLIII. Paralitica sanitati restituta.

PUELLAM PARALISI MULTO TEMPORE LABOrantem sui
ad monasterium detulerunt. Quæ in^{g)} ecclesiam deportata ad lectionem

---

a) „redeuntibus", C. — b) „ad monasterium", Mabillon, l. c., p. 267. — c) „ad monasterium", Mabillon, l. c. — d) „Hisque", Mabillon, l. c. — e) „horribilius", Mabillon, l. c. — f) „quibusdam, ut causas", B, C, D und Mabillon, l. c. — g) „ad", C.

evangelii, quæ in nocturnis secundum consuetudinem regularis officii recitatur excubiis, circumstantes, ut | se a terra sustollerent et inter manus (p. 90) sustentarent, cœpit rogare, cumque sublevata fuisset, dimitti se postulavit. Illis autem id facere metuentibus, ne forte casu subito lederetur, valere
5 se confidentius affirmavit. Igitur dimissa per se stetit, ac deinceps totius corporis resumpto vigore sana recessit.

XLIIII. Ceca inluminata.

CUIUSDAM PATRIS FAMILIAS NON LONGE A monasterio commanentis ancilla, dum fortuito^{a)} domus^{b)} januas aperiret, turbo venti
10 pulverem et paleas in faciem eius et oculos projecit^{c)}, statimque crescente molestia^{d)} paulatim^{e)} ei^{f)} visus^{g)} decrevit, donec horrendis penitus^{h)} tenebris cingeretur. Hæc ad ęcclesiam beati Galli perducta, cum eius suffragia primo ingressu devotissime præcaretur, recepto quod amiserat lumine gaudens abscessit.

15 ### XLV, Candela celitus incensa.

NON MULTO INTERJECTO TEMPORE, DUM FESTIVItas octavarum ępiphaniæ annuo celebraretur officio, cunctis tempore sacrificii ad ęcclesiam convenientibus luminaria et candelę incendebantur ex more. Una autem candela, sine lumine inter cęteras ardentes dimissa, inter sacra
20 missæ solemnia principalis, primo cœpit paulatim fumo tenui vaporare, deinde videntibus non paucis flammam concipiens et cęteris clarius rutilans, signi effectum splendoris singularitate commendavit.

XLVI. Scottus a multiplici debilitate curatus et conclusio operis ¹³⁵⁾.

25 NUPER QUOQUE DE NATIONE SCOTTORUM, QUIBUS consuetudo peregrinandi jam pene in naturam conversa est, quidam advenientes, unum e^{k)} suis conviatoribus multiplici peste possessum in eodem (p. 91) monasterio dimiserunt. Qui cum aliquantis ibidem moraretur diebus et cottidie infirmitatis suæ remedium^{l)} plena fide deposceret, nocte quadam

---

a) „subito", B. — b) „sui domus", B. — c) „pulverem levavit et in oculos projecit", B. — d) „tenebræ", B. — e) „paulatimque", B. — f) „ei" fehlt in B. — g) „usus" anstatt „visus", Mabillon, l. c. — h) „peste" anstatt „penitus", B. — i) Die Übersicht der Capitel schliesst mit den Worten: „FINIUNT CAPITULE LIBRI SECUNDI". — k) „de", C. — l) „remedum", Mabillon, l. c., p. 268.

135) »et conclusio operis« fehlt bei Mabillon und Meyer v. Knonau. Vrgl. Mabillon, l. c. und Meyer in den Mitt. XII, p. 92.

senem sibi per somnium vidit assistere, gestu et habitu venerandum, quem quis esset interrogans, beatissimum Gallum fuisse perdidicit. Et protinus ad illum: *Cernis*, inquit, *o domine, toto me corpore dissolutum, meritorum tuorum cottidie evidentiam prestolari. Noli ergo, quod te aliquando credo facturum, differre diutius. Ad hoc enim huc usque me reservatum esse cognosco, ut, sicut his barbaris virtus tua latissime claret, ita etiam gentis tuæ hominibus meritorum tuorum fulgor innotescat et claritas. Scis ipse, scis, inquam, a natali solo quam longe sim disjunctus, quantaque inter peregrinationis angustias corporis debilitate compressus. Succurre citius, opitulare quantotius.* Qua ille motus querimonia, vultu placido paucis ita respondit: *Die mortalibus reddita ecclesiam petito, et videbis divino te melius sublevari consilio, quam patriæ vel parentum solatio.* Mane facto, summo animi gestientis ardore basilicam[a] properat et juxta tumulum beati Galli promissionis memor præcibus insistit[b]. Post orationem et lacrimas angulo sarcofagi adnixus, cœpit se sensim erigere; nec prius lecti angulum, cui innitebatur, deseruit, quam statura erecta et accepto robore per se ire et redire potuisset. Qui tempore procedenti plena sanitate donatus, in eodem monasterio præcibus et sancte vitę deserviens hactenus conversatur.

HÆC[136]) DE COPIOSISSIMA SEGETE BEATI GALLI VIRtutum memoriæ horreis grana libuit commendare, et nostris et aliorum pastibus profutura. Poterunt enim hæc[c] plurimum diligentibus justitiam ædificationis conferre, quia et morum honestatem insinuant[d] et ad laudem Domini, qui ita sanctos suos glorificat, devoti lectoris animum vel auditoris inflammant[e]. Cęterum tot et tanta sunt eiusdem sancti patris miracula, ut nec[f] a studiosis scriptoribus propter copiam sui possint[g] comprehendi, nec a fastidiosis lectoribus sine tedio et rugata fronte percurri. Ea[h] vero huic operi tantum inserta sunt, quæ et veracium relatione testium veritatem custodiant et moderata brevitate nullius, quamvis etiam utilia nausiantis, mentem offendant.

---

a) „ad basilicam", Mabillon, l. c. — b) „insistet", B. — c) „hæc enim", Mabillon, l. c. — d) „insinuat", B. — e) „inflammat", B. — f) nach „nec" „facile a bonis", B. — g) „possunt", B. — h) „Jam", B.

136) Mabillon und Meyer v. Knonau haben hier den Inhalt gemäss ein besonderes Capitel angenommen; der erstere mit der Überschrift «Conclusio auctoris», der letztere richtiger «Conclusio operis». Vrgl. Mabillon, l. c. und Meyer v. Knonau in den Mitt. XII, p. 93.

ORATIO WALTFRIDI[a].

Obsecramus itaque te, beate Galle, Christi confessor, ut, sicut sanitatem corporum meritis tuis multis te contulisse retulimus, ita nostris mentibus divinæ miserationis medelam implorare digneris[b].

ITEM YMNUS WALTFRIDI DE SANCTO GALLO CONFESSORE CHRISTI.[c]

VITA SANCTORUM, VIA, SPES SALUSQUE,
Christe! largitor probitatis atque
Conditor pacis, tibi voce, sensu   PANGIMUS YMNUM.

CUIUS EST VIRTUS MANIFESTA TOTUM,
Quod pii possunt, quod habent, quod ore
Corde vel factis cupiunt, amoris   IGNE FLAGRANTES.

QUI TUA SANCTUM PIETATE GALLUM
Indicem lucis supere[d] dedisti,
Eius ut docti monitis tenebras   MENTE FUGEMUS.

HIC AD EXEMPLUM VOLUCRIS CANORE,
Actibus sese prius excitavit,
Ut, quod ingessit vigor instruentis,   VITA PROBARET.

QUI POTENS VERBO, VENERANDUS ACTU,
Semper æternis inhians lucellis,
Plura virtutis meruit supernæ   SIGNA PATENTER.

QUESUMUS MUNDI SATOR ET REDEMPTOR,
Ut sacris eius præcibus tueri
Hanc velis plebem, tribuens, quod optat,   CORDE BENIGNO.

---

a) Walafridi, Mabillon, l. c.; diese Überschrift fehlt in B. Dafür folgt hier nach der „Oratio": „EXPLICIT SECUNDUS LIBELLUS DE MIRACULIS SANCTI GALLI CONFESSORIS". — „Explicit vita sancti Galli confessoris Christi", D. — b) „digneris, Amen", Mabillon, l. c. — c) Dieser Hymnus fehlt in B, C und bei Mabillon, l. c. Er ist abgedruckt bei Meyer v. Knonau in den Mitt. XII, p. XII. — d) = „superæ".

TEMPORUM PACEM, FIDEI TENOREM,
Languidis curam veniamque lapsis,
Omnibus præsta pariter beatæ   MUNERA VITÆ.

NE, QUIBUS TANTI DEDERAS PATRONI
Prima provisor documenta clemens,
Illius sacram patiaris umquam   DEFORE CURAM.

HUIUS OBTENTU LIQUET ACTITARI,
Iste ne laudem tibi, summe rerum
Rector, acceptam locus expedire   CESSET IN ÆVUM.

HOC PATRIS PROLES, PATER HOC BENIGNE,
Spiritus præsens hoc, utrique compar,
Nunc et æterno facias perennis   TEMPORE SECLI. AMEN.

Verzeichnis der Orts- und Personennamen
in der Walahfridischen vita beati Galli.

A.

Adam 33_2.*
Aegyptus 83_9.
Aethyopes 5_1.
Agilolfus 9_6. 14_{19}.
Alamannia 2_{12}. 4_6. $9_7, _{17}$. 31_6. 56_9.
Alamanni 2_9. 4_3. 46_{19}. 67_5.
Alpes $3_9, _{10}, _{12}$. 4_4. 28_{13}.
Alpes Penninæ $2_{18}, _{19}$.
Altimania 2_8.
Araris 4_4.
Arbona $10_{12}, _{17}$. 37_{21}. 38_{20}.
Augustidunensis 31_6.
Aurelia 11_{16}. 12_{13}.
Austrasii 9_2.
Auva 58_{12}.

B.

Baioarii 31.
Birihtilo 50_2.
Bobium 34_{20}.
Boso $46_1, _3$.
Brigantium 3_{14}. 11_8. 23_{20}.
Brigantinus lacus 3_7.
Britannia $4_{13}, _{15}$. 7_{12}.
Britanni 5_1.
Brunnihildis $8_8, _{20}$.
Burgundiones $8_1, _{16}$.

C.

Carlomannus 49_3. 50_{16}. 52_8, $_{30}, _{31}$.
Christus 4_{10} 7_{20}. 29_{16}. 33_{14}. 52_8. 74_1.

Columbanus $6_4, _{23}$. 7_7. $8_7, _{12}$. 10_1. $11_1, _{17}, _{23}$. $12_{10}, _{16}$. 14_{16}. $26_7, _{20}$. $34_1, _{13}, _{17}$. 36_4. 37_{17}.
Constantia $31_4, _{19}$.
Constantiensis 21_{10}. 44_6. 56_{22}.
Curiensis 52_{19}. 54_2.
Cyprianus Arelatensis 29_{23}.

D.

Dagobertus 52_7.
Danihel 16_{13}.
Danubius $2_{13}, _{20}$. 3_1. 4_3.
Desiderius 17_{22}.
Dravus 3_9.
Durgeuvi 44_7.

E.

Erchonaldus 44_{19}. $45_{11}, _{21}$.

---

* Die grösseren Ziffern bezeichnen die Seiten, die kleineren daneben die Zeilen.

Verzeichnis der Orts- und Personennamen.

F.

Franci 4_9. 8_2. 46_{20}.
Francia 46_{29}.
Fridiburga 21_{19}.
Frumoldus 60_{27}.

G.

Gallia 3_3, $_5$, $_{11}$. 4_4, $_{10}$. 8_{13}.
Gallia Belgica 2_{19}.
Gallus 1_{18}. 2_1. 5_5, $_{19}$. 6_{11}.
9_{25}. 10_1, $_{24}$. 11_{10}, $_{14}$, $_{24}$. 12_2,
$_{16}$, $_{22}$. 14_{22}, $_{26}$. 15_5, $_{16}$. 17_{15}.
19_{10}, $_{21}$. 21_5. 22_3, $_{24}$. 23_{18}.
24_{20}. 25_{22}. 27_{20}. 28_1. 30_{14}.
31_1, $_{13}$, $_{28}$. 32_{17}, $_{27}$. 34_1, $_{16}$, $_{21}$.
35_4, $_7$, $_{14}$. 36_7. 37_{16}. 38_{20}.
39_1, $_2$, $_7$. 40_{17}. 43_1. 44_1, $_2$.
47_2. 48_2, $_7$. 50_1, $_9$, $_{24}$. 51_5, $_6$.
53_2, $_{11}$, $_{26}$. 54_4. 55_{22}. 58_1, $_{30}$
59_{22}, $_{32}$. 60_6, $_{22}$, $_{21}$. 61_{14}, $_{24}$
62_3, $_{12}$. 64_{26}. 65_4. 66_5, $_{15}$,
$_{20}$, $_{26}$. 67_9, $_{13}$, $_{21}$. 68_9. 69_{17}.
70_4, $_{29}$. 71_{16}, $_{26}$. 72_{12}. 73_2,
$_{14}$, $_{20}$. 74.
Gaudentius 21_{10}.
Germania 2_{14}, $_{20}$. 3_2. 4_5, $_9$,
8_{13}. 55_2.
Gozbertus 5_4. 43_8. 51_7.
Gunzo 13_{25}. 21_{15}. 28_{18}.

H.

Hibernia 4_{11}. 6_7. 36_8. 55_8.
Hildibertus 8_{15}.
Hiltiboldus 15_{22}, $_{25}$.
Himilinberc 19_{20}.
Hispania 4_{14}.
Hister 2_{14}. 4_4.
Histria 2_{18}.

I, J.

Jacob 19_{28}.
Iburningæ 21_{17}.
Jesus Christus 13_{11}. 17_{25}.
18_{10}. 25_{11}, $_{20}$.
Jezabel 8_{28}.
Indi 5_1.

Johannes 21_{14}. 22_{18}. 24_{11}, $_{24}$.
27_1, $_3$. 30_{17}, $_{18}$. 31_{14}. 32_4,
$_8$, $_{11}$, $_{13}$, $_{22}$, $_{29}$. 33_{17}. 38_{17}, $_{19}$.
39_{26}. 56_{26}.
Israhel 33_6.
Italia 14_{14}. 22_{14}. 34_{20}.

K.

Karolus 52_7, $_{22}$.

L.

Langobardi 9_6. 14_{19}.
Lindimacus 9_{17}.
Lotharius 8_9, $_{29}$.
Luxovium 7_5, $_{25}$. 36_1, $_8$.

M.

Magnoaldus 15_{10}. 26:$_0$. 31_{14}.
34_9, $_{18}$.
Maria 17_{22}. 31_{18}.
Mauricius 17_{22}.
Mœsia 2_{16}.
Moyses 33_7.

N.

Noricus 2_{17}, $_{20}$. 3_7, $_{11}$, $_{13}$.

O.

Orosius 2_{16}. 4_{18}.
Otmarus 49_{21}. 52_1, $_{18}$, $_{23}$, $_{24}$.
53_7, $_{24}$.

P.

Pannonia 2_{17}. 8_3.
Perahtoltespara 49_6.
Petrus 7_{26}. 26_{23}.
Pippinus 49_{25}. 52_1, $_8$, $_{30}$. 53_7,
56_{13}.
Potamicus 4_2.

Q.

Quadravades 22_{19}.

R.

Rhenus 4_1. 27_{25}. 56_{17}. 58_{21}.
63_{22}.
Rhetia 2_{13}, $_{18}$. 3_2, $_{10}$, $_{12}$, $_{18}$. 4_4.
21_{14}. 22_{18}. 28_{13}.
Rhetiani 45_{17}.
Roma 64_4, $_{24}$.
Rotunwila 50_{18}.
Ruodhardus 56_9.

S.

Savus 3_9.
Scotti 5_2. 27_{20}. 72_{23}, $_{25}$.
Sennia 22_{17}.
Sidonius 56_{23}, $_{28}$.
Sigibertus 7_5, $_{13}$. 8_{15}. 21_{26}.
27_{21}, $_{29}$.
Solinus 3_2. 4_{16}.
Stein 56_{18}.
Steinaha 17_{11}.
Stephanus 29_9, $_{16}$. 32_{19}. 47_7.
48_6. 62_{15}, $_{20}$.
Suevi 2_6. 4_3.
Suevia 2_{12}. 4_6.

T.

Tello 57_{27}.
Theodebertus 8_{10}. 9_2.
Theodericus 8_7, $_{15}$. 21_{26}.
Theodorus 15_{11}. 46_4.
Tracia 3_6.
Tucconia 9_{14}, $_{19}$. 23_{18}.

V.

Veridunensis 3_{16}.
Victor 52_{19}. 53_{29}. 54_2.
Vosegus 7_{13}.

W.

Walahfridus 1_1. 74_1.
Waltramnus 52_{15}.
Warinus 56_9.
Willimarus 10_{11}, $_{18}$. 14_{23}. 15_5.
22_2. 37_{24}. 49_{26}.